基本が わかる!　しっかり 役立つ!

はじめての『経理』

オールカラー

公認会計士／税理士
甲田拓也
監修

ナツメ社

はじめに

経理の仕事は、コツコツと地道なルーティン作業が基本です。
ルールと「正誤」がはっきりしている世界なので、
いきなり「飛び込み営業で契約をとれ！」と言われるより、
最初のハードルは低いかもしれません。
けれども、その先には奥深い世界が広がっています。
私自身は20年以上、この仕事に携わっていますが、
会社で起こる幅広い事象を、簿記という手段を使って
会計ルールに則ってまとめる作業は、やればやるほど
奥が深く、難しく、そしておもしろいものだと感じています。
会計ソフトがあれば決算書の体裁は整います。しかし、
それをどう読み解くかは、人によってさまざまです。

本書の
登場人物
紹介

教えてくれるのは

公認会計士
税理士
甲田拓也
先生

経理・会計のエキスパート。優しい人柄と初心者にもわかりやすい説明で、事務所社員や社外からも信頼が厚い。

自分の頭で判断したり、考えたりするためには、
簿記の知識を身につけ、社内外でコミュニケーションをとって
幅広い情報や正確な資料を入手することが大切です。
さらに、会社の経営状態を分析し、経営者のニーズに即した
情報を提供できるようになれば、社内でも一目置かれるはず。
これから経理のプロをめざす人には、ぜひ
「判断する力」や「考える力」を磨いてほしいと思います。
経理の道を進み始めた皆さんにとって
本書がわかりやすい"道しるべ"になれば嬉しく思います。

公認会計士／税理士　甲田拓也

一緒に学ぶ経理部の社員たち

新入社員

経理部に配属されたばかりの1年目。将来は、先輩たちのような頼れる経理パーソンになりたい！

上司

新入社員の上司。経理10年目。物腰柔らかな交渉上手で、経理部内外問わず信頼が厚い。

経理部長

ジェントルな経理部のリーダー。会社の経理責任者として、経営者からも意見を求められるポジション。

> 経理の役割って?

経理が関わる人・企業たち

【 それぞれの立場と接し方のポイント 】

経理業務を円滑に進めるためには、社内外で良好な人間関係を築くことが大切。会社の事業内容や業界の理解を深めるためにも、積極的にコミュニケーションをとろう。

\\ 商品やサービスを提供したりされたりする //
取引先

◎ お互いに利益があることが前提の関係

片方のみに利がある、無理を強いられる関係は NG。良好な取引で信頼関係を築き、助け合えることが理想。

\\ 会社のお金を管理する //
経理担当者

会社にとって最も重要なお金を管理する経理担当者は、いわば会社の「信用」を担う立場。取引先、従業員、経営者、会計事務所、銀行、株主など、相手のニーズを把握し、誠実に対応する。

\\ 会社の方向を決定する //
経営者

◎ 判断に必要な情報をデータで提供しておく

経営判断に必要な情報を、正確なデータに基づいて提供する。ベテラン経理担当者は経営の相談役にも。

\\ 売上を生み出すための活動を行う //
他の従業員

◎ 普段からコミュニケーションをとり、協力を得やすくしておく

書類の作成や提出など、経理側から依頼をすることも多い。良好な関係を築き、頼みごとをしやすくしておく。

経理というと「会社の一角で数字と向き合う仕事」というイメージがあるかもしれません。数字と向き合う仕事であることは確かですが、実はそれ以上に人とのコミュニケーションが重要な仕事です。

なぜなら、さまざまな取引でお金を動かし、数字を生み出しているのは人間だから。経理担当者は社内外を問わず、幅広い相手と接し、それぞれに応じたコミュニケーション能力が求められます。

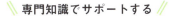

専門知識でサポートする
会計事務所

◎ **判断に迷うことがあれば相談する**

社内で解決できないことは質問・相談をする。専門家の立場からアドバイスがもらえる。

会社にお金を貸し付ける
銀行

◎ **必要なときスムーズに融資を受けられるように**

長期的に信頼関係を築く。提出する書類は正確に。経理の管理が行き届いていると融資もスムーズに。

会社に出資する
株主

◎ **経営状況を正しく報告する**

会社の出資者であり、経営にも関与する株主。信頼を損ねることのないよう、経営成績を誠実に報告する。質問にも答えられるように。

> 会社のお金を扱う責任感を!

経理担当者の心がまえ

【 経理担当者3つの掟 】

経理担当者が心得ておかなければならない掟は次の3つ。会社の大切なお金を扱う仕事だからこそ、厳しさも求められる。

掟1　社内の情報は他言無用

経理は売上や利益、契約などの会社の機密情報や給与などの個人情報を扱う仕事。情報漏えいは許されない。

掟2　正確に処理を行う

小さなミスが大きなトラブルにつながることも。ダブルチェック、トリプルチェックで正確な処理を行う。

掟3　誰とでも積極的にコミュニケーションをとる

経理業務は経理担当者だけでは進められない。社内外で積極的に関わり、良好な人間関係を築いておく。

経理担当者に何よりも求められるのは、会社の大事なお金を扱っているという「責任感」です。お金のトラブルは、会社の信用に関わるもの。給与計算や請求書、決算書などにミスが多い会社は、従業員からも取引先からも投資家からも信用されませんよね。経理のつくる資料が経営者の経営判断を左右することも。ミスの許されない重要な仕事です。常に緊張感をもって業務にあたりましょう。

【 ミスの原因となる３つの不足に注意！ 】

ミスを引き起こす原因には「知識不足」「情報共有不足」「整理整頓不足」の３つがある。不足しているものがあれば、すぐに改善していこう。

経理業務の根幹に関わる
知識不足

会計ルールや制度を深く理解。情報の更新には常にアンテナを立てておく

会計ルールや制度をきちんと理解していなければ、会計ソフトを正しく使いこなすことはできない。また、法律や制度はどんどん変わるので、常に情報収集を欠かさず、知識のアップデートをすること。

認識のずれや問題の肥大化の原因に
情報共有不足

日頃から報告・連絡・相談を徹底する習慣をつける

取引に関する正しい情報を共有しなければ、正確な仕訳や決算書の作成はできない。日頃から「報告・連絡・相談」を徹底し、他部署とも連絡を密にとる。デジタルツールを活用するのもよい。取引先との情報共有も大切。

書類の紛失・処理漏れにつながる
整理整頓不足

机・デスクトップはどこに何があるかわかるよう常に整える

経理業務では、領収書や請求書など多くの書類やデータを扱う。書類・データの紛失や処理漏れがないよう、整理整頓は必須。要不要を判断し、あとから参照しやすいようにルールを決めて机周りもPC内も整えておく。

> 将来の姿を想像しながら働こう

経理担当者のキャリアパス

【 キャリアごとの立ち位置・メリット 】

社内で昇進し、経営分析もできる経理のプロをめざすのか、ある分野の専門性を高めるのか。働き方もさまざま。自分の立ち位置をチェックし、方向性を考えてみよう。

経営者に意見を求められる立場に
経理部長
会社のお金の管理の責任者。経営会議に参加したり、経営者に意見を求められたりすることも。

自分から積極的に提案できるように
入社5年目～
経理業務全般をこなす。指示通りだけでなく、改善点や発案を積極的に提言できる。

仕事の基礎を身につける
入社1～2年目
電話・メール対応など仕事の基礎を身につける。仕訳なども的確にこなせるように。

スキルアップ・転職に役立つ資格

経理の知識を深めたい

日商簿記検定
決算書を読む力や、会計に関する一定の知識があると評価される。

FASS検定
経済産業省発案の、経理・財務の日常業務で求められる実務のスキルを証明できる試験。

ツールを使いこなしたい

MOS資格
Microsoft社公式の国際資格。Excel、Word、AccessなどOfficeソフトのスキルを証明できる。

国際的に活躍したい

TOEIC
ビジネスや日常生活での実践的な英語力を証明できる。外資系の企業などへの転職をめざす際、高スコアだとアピールに。

ひとくちに経理といっても、その業務内容は多岐にわたり、「お金」を扱う奥深さや難しさも違います。まずは仕訳や現預金管理、経費精算などを通じて簿記の基本ルールを身につけていきましょう。

その後は、月次決算・年次決算に携わりながら、社内で昇進をめざす道もあれば、会計事務所や他業種の会社で実務経験を積むという道もあります。公認会計士や税理士の道をめざす人もいます。

全体を把握しながら仕事ができるように
入社3〜4年目
経理業務全体の流れを把握。計画的に仕事をこなす。月次決算と年次決算の補助ができる。

会計・税務のプロとして長く仕事を続けられる
会計士・税理士
公認会計士や税理士などの国家資格を取得し、スペシャリストとして独立をめざす。

幅広い経理業務を経験し実績を積みたい
会計事務所の社員
さまざまな業界の経理・会計に触れ、広く経験を積むことができる。

これから需要増加！新たな経理のポジション

柔軟な働き方が可能
フリーランス経理
特定の会社に所属せず、業務委託契約を結んでフリーランス経理として働く。時間や場所の制約が少なく、プライベートとの両立がしやすい。

経営者の右腕に
CFO
会社の財務・経理の戦略立案の最高責任者。十分な会社財務知識やビジネススキルがあれば、社外CFOとして複数の会社の経営に関われるかも。

『オールカラー　基本がわかる！しっかり役立つ！　はじめての経理』

CONTENTS

はじめに ………………………………………………………… 2
巻頭
　経理の役割って？　経理が関わる人・企業たち ……… 4
　会社のお金を扱う責任感を！　経理担当者の心がまえ …… 6
　将来の姿を想像しながら働こう
　経理担当者のキャリアパス …………………………… 8

第1章　共通の知識・ルールを覚えよう
経理の仕事　基本のき

経理の仕事内容 ………………………………………… 18
会社による経理の仕事の違い …………………………… 20
経理の仕事スケジュール ………………………………… 22
文字や数字表記の基本ルール …………………………… 26
伝票や帳簿の種類 ………………………………………… 28
伝票や帳簿の処理の流れ ………………………………… 30
印鑑の種類と使い分け …………………………………… 32
章末 Column ◆ 電卓・PC を使いこなして業務効率化 …… 34

第2章 経理業務の必須項目
簿記のルールと仕訳の基礎

- 簿記の役割 ……………………………………………… 38
- 勘定科目の役割・分類 ………………………………… 40
- 仕訳の仕方 ……………………………………………… 42

グループごとの勘定科目一覧
- 資産グループ ………………………………………… 44
- 負債グループ ………………………………………… 46
- 純資産グループ ……………………………………… 48
- 収益グループ ………………………………………… 50
- 費用グループ ………………………………………… 52

よく出てくる仕訳
- 1. 現金の入出金 ……………………………………… 55
- 2. 売上・仕入 ………………………………………… 56
- 3. 経費の支払 ………………………………………… 57

- 知っておきたい ◆ 企業会計原則の一般原則 …………… 58
- Column ◆ 国を挙げて推進が後押しされる　経理業務のDX … 60
- 章末 Column ◆ ミスが減るデスク・PCの整理整頓術 ………… 64

第3章 すばやく正確に処理する
現金・預金管理と経費精算

- 伝票の記入の仕方 ……………………………………… 68
- 現金管理業務の基本 …………………………………… 72
- 金種表と小口現金出納帳 ……………………………… 74
- 預金管理業務の基本 …………………………………… 76

預金出納帳と日次資金繰り表	78
小切手・手形の処理	80
経費精算の基本	84
立替金の精算	86
仮払金の支払と精算	88

主な経費の仕訳や注意点

事務用品費	90
消耗品費	91
通勤交通費・旅費交通費	92
交際費	94
会議費	95
賃借料・リース料	97
福利厚生費	98
通信費	98
租税公課	99
修繕費	100
地代家賃	101
新聞図書費	101
車両費	102
支払保険料	102
広告宣伝費	103
荷造運賃	103
諸会費	104
寄附金	104
支払手数料	104
雑費	104
記帳ミスや現金・預金過不足時の対処法	106
章末Column ◆ インターネットバンキングの活用法	108

第4章 会社の利益確保にかかせない 売上・仕入取引の管理

販売管理 ……………………………………………………… 112
請求書の発行の仕方 ………………………………………… 116
領収書の発行の仕方 ………………………………………… 118
購買管理 ……………………………………………………… 120
消費税のしくみと処理 ……………………………………… 124
Column ◆ 導入にともない経理業務が煩雑に
　インボイス制度 …………………………………………… 126
イレギュラーな取引・販売方法 …………………………… 130
　　値引 ……………………………………………………… 130
　　返品 ……………………………………………………… 131
　　割引 ……………………………………………………… 132
　　割戻 ……………………………………………………… 133
　　内金・手付金 …………………………………………… 134
　　立替金 …………………………………………………… 135
　　予約販売 ………………………………………………… 136
　　割賦販売 ………………………………………………… 136
　　委託販売 ………………………………………………… 137
固定資産の管理 ……………………………………………… 138
月次決算①作成書類とスケジュール ……………………… 142
月次決算②売上原価と月次配賦経費 ……………………… 144
章末 Column ◆ 気をつかうシーンのやりとりのコツ ………… 148

第5章 手順がわかればあとは簡単
月々の給与計算と年末調整

給与計算の基本	152
保険料と税金の控除	158
賞与に対する控除	166
報酬に対する控除	168
退職金に対する控除	170
Column ◆ 抜かりなくスムーズに対応できるように 入社・退職時の手続き	172
年末調整	174
Column ◆ 「働き控え」を減らして人手不足を解消 「年収の壁」対策	180
章末 Column ◆ 外国人労働者の雇用と労務	182

第6章 1年間の仕事の総まとめ
決算の流れと決算書の作成

年次決算の基本と流れ	186
決算整理の作業一覧	188
あらゆる残高の確認	190
棚卸と売上原価の計算	192
引当金の計算	194
経過勘定の処理	196
固定資産の減価償却	198
試算表の作成	200
精算表の作成	202

決算書の基本	204
貸借対照表（B／S）	206
損益計算書（P／L）	208
知っておきたい ◆ キャッシュフロー計算書	210
税務会計の基本	212
税金の申告と納付	214
Column ◆ 電子データは電子保存が義務に 電子帳簿保存法への対応	218
章末 Column ◆ 税務調査の基本と対策	222

第7章 経営にかかわる会計・予算の知識
管理会計と予算編成

管理会計の基本	226
原価管理	228
予算管理	232
資金繰り管理	236
経営分析	240
章末 Column ◆ 大企業の特殊な経理業務	246
さくいん	248

第 1 章

共通の知識・
ルールを覚えよう

経理の仕事

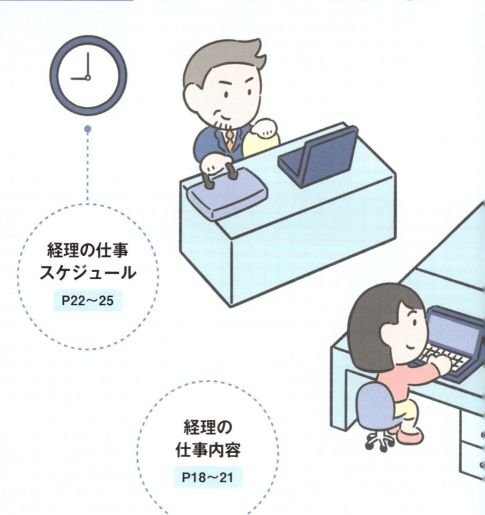

経理の仕事
スケジュール
P22〜25

経理の
仕事内容
P18〜21

基本のき

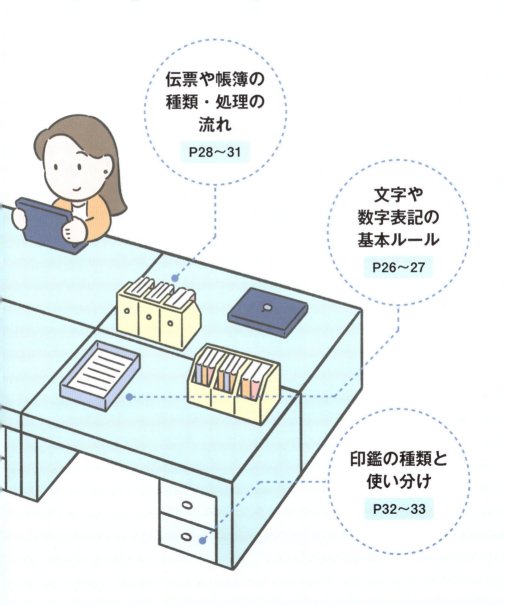

伝票や帳簿の種類・処理の流れ
P28〜31

文字や数字表記の基本ルール
P26〜27

印鑑の種類と使い分け
P32〜33

知識 毎日 適宜 毎月 毎年

経理の仕事内容

- ☑ "経理"の仕事は会社のお金を管理すること
- ☑ 利益を上げるうえで欠かせない役割を担っている
- ☑ 小口現金管理から経営方針に関わる管理会計まで業務は幅広い

　会社は利益を上げるために、物をつくったりサービスを提供したりといった経済活動を行っています。この**経済活動に関わるお金の動きを管理するのが経理の仕事**です。
　日々のお金の動きを「簿記(P38～)」という方法で記録し、1年間のお金の動きを「決算書(P204～)」にまとめます。経営者は決算書を見て、会社の方向性を検討します。いわば経理の仕事は、会社の舵取りに必要なデータを提供する"羅針盤"のようなものなのです。

経理の仕事とは

経理担当者が担うお金の管理が、会社の経済活動のサイクルを支える。

1
【全従業員】
利益を上げるための活動を行う
仕入、商品の製造・販売、サービスの提供、営業活動などを行う。

→

2
【経理担当者】
すべてのお金の動きを記録する
会社の経済活動にともなうお金の動きを記録する。

↓

3
【経理担当者】
経営状態をまとめる
記録から、貸借対照表(P206～)や損益計算書(P208～)を作成する。

←

4
【経営者】
経営状態を把握・見直す
経理担当者がまとめた書類から会社の売上・財政状態などを把握し、改善する。

↑

お金を正確に管理し、経営を支える

経理が行う業務一覧

難易度

管理会計では、会計以外の広い視点・知識が求められます。

高

Level up!

管理会計・予算編成
経験を積むと、経営の判断材料となる会計情報の提供も任せられるように。集計期間は会社によって異なる。
▶P226〜

決算書の作成
【毎年】
1年間の会社の経営や財政の状態をまとめた書類を作成する。
▶P186〜

給与計算
【毎月】
従業員一人ひとりの給与を計算し、税金などを控除した分を支払う。
▶P152〜

仕入取引の業務
【適宜】
取引先からの請求書に従い、代金を期日までに支払う。
▶P120〜

中

売上取引の業務
【適宜】
取引先に送付する請求書の作成、入金状況の確認を行う。
▶P112〜

預金管理業務
【毎日】
残高確認、入出金の管理に加え、残高不足を防ぐため資金繰りも。
▶P76〜

伝票・帳簿の作成
【毎日】
簿記のルールに基づき、毎日の取引を伝票や帳簿に記入する。
▶P68〜

現金管理業務
【毎日】
少額の経費や、仮払金(P88〜)の精算など。
▶P72〜

低

知識 毎日 適宜 毎月 毎年

会社による経理の仕事の違い

- ☑ 会社の業種ごとに、経理業務の特色がある
- ☑ 大企業では業務が担当分けされ、中小企業では業務全般を任せられる
- ☑ 自分の会社の立ち位置や他の企業の特徴を知り、経理職の理解を深める

　お金や物の出入りの仕方は、数万円前後の洋服を売る小売業と、数十億円規模の建設を請け負う建設業では大きく違います。そのため、同じ経理の仕事でも、内容には違いがあります。

　また、大企業では仕事量が膨大なため、経理専門の部署があり、**業務が細分化されている**のが一般的です。

　一方、中小企業では専門部署がなく、**数人あるいは一人で、総務や人事、経理の仕事などを兼任する**ケースも少なくありません。

業種による仕事の違い

【 小売業 】

物を仕入れて売るのが主な仕事。仕入・売上管理（P112〜120〜）が膨大に。煩雑な支払・代金回収業務をミスなく行うことが求められる。

【 製造業 】

原材料を仕入れて加工し、販売を行う。原価計算が利益に直結する。原価管理（P228〜）が重要視される。

【 建設業 】

着工から工事完了までのスパンが長く、売上計上までに時間がかかる。建設業独特の勘定科目も存在する。

【 運送業 】

貨物の輸送に不可欠な車両（自動車・船・鉄道など）の固定資産や、修繕費の計上処理が膨大。

【 金融業 】

金融機関に関する規制・監督の法律の理解が必要。証券外務員などの資格取得が推奨される。

【 商社 】

輸入免税・輸入消費税・輸入関税など輸出入に関する税や、為替リスクの理解が必要。

会社の形態による仕事の違い

専門分野を極める

大企業
経理業務を細分化し、担当分けしている。数年ごとに担当がかわり、業務を広く経験することができることも。

業務全般を任される

中小企業
数人の担当者で会社の経理業務全般を担当する。担当者が一人だけ、また総務など他の業務を兼ねている場合も多い。

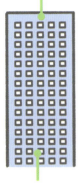

特有の業務が発生

上場企業
社外への経営状況の報告が重要視される。半期報告書や監査対応が必要(P246～)。

親会社レベルの決算業務が必要

子会社／関連会社
上場企業並みの決算業務が求められる。親会社の経理担当者と良好な関係を築いておこう。

外国語力も求められる

外資系企業
海外の親会社への決算報告と、国内の税務申告用の決算報告どちらも必要。また、昇進には親会社とやりとりできる外国語力が必須に。

COLUMN 【 中小企業は"手に職をつける"のに最適 】

中小企業の経理担当者は、日々の現金管理から経費の処理、給与計算、決算までと、経理の仕事全般に携わることになります。時には、経営者から、会社の経営成績や財政状態に関する説明を求められることもあるでしょう。幅広い知識を身につけ、多岐にわたる業務をこなすのは大変ですが、会社全体を見わたせる「経理力」が鍛えられるのは間違いありません。"手に職をつける"には最適の環境だといえるでしょう。

知識 毎日 適宜 毎月 毎年

経理の仕事スケジュール

- ☑ 経理の仕事は、やることとその期間が明確。スケジュールが立てやすい
- ☑ 期間内に必ず終わらせるためには、スケジュール管理が重要
- ☑ 1日・1か月・1年のスケジュール例を参考に、仕事の全体像をつかむ

　経理の仕事の全体像は、1日、1か月、1年というサイクルでとらえると把握しやすいものです。毎日行う仕事には、現金・預金の出し入れや残高の確認、伝票の作成や帳簿の記帳などがあります。

　1か月のサイクルでは、売上代金の請求や仕入代金の支払のほか、給与の計算、税金などの納付も行います。

　1年のサイクルでは、年間の経営成績を報告する「決算書（P204～）」の作成がいちばんの大仕事。税務申告や賞与支払、年末調整なども行います。**繁忙期やサイクルを見越して、計画的に仕事を進めましょう。**

スケジュール管理の心得

✓ 最初に、その業務の全体像をつかんでから取りかかる

✓ その場しのぎの雑な仕事は、後で自分が苦しむことに。「仕事は1回で終わらせる」ように心がける

✓ 想定外の追加業務が入ることも。スケジューリングは余裕を持って

✓ トラブルは抱え込まず、すぐに報告・相談する

人間関係を良好にしておくと、頼みごともしやすいよ。

日頃のコミュニケーションが重要ですね。

DAY
1日のスケジュール

■ 毎日行う仕事　　○ 日によって発生する仕事

9:00　　出社
　　　　■ メールチェック
　　　　■ 今日の仕事を確認

10:00
　　　　■ 手提げ金庫の用意
　　　　■ 現金の確認

> 会社に少額の現金を用意しておくための小さい金庫。

11:00
　　　　■ 預金の確認
　　　　○ 仮払金・立替金の精算

> 経費支払用に従業員に渡しておく仮払金。従業員が一時的に経費を負担する立替金。どちらも後で精算を行う。

12:00　　昼休み

> 手提げ金庫や書類はすべてしまう。PCも電源をOFFにしてから席を離れる。

13:00

　　　　○ 振込手続き

14:00
　　　　○ 仕訳
　　　　○ 帳簿類への記入

> 日によって発生する業務は変わります。忙しい時期は、優先順位が大切ですね。

15:00

　　　　■ 預金の確認

16:00
　　　　■ 現金残高の確認
　　　　■ 手提げ金庫の返却

> 一日の終わりには、必ず残高を確認する。

17:00
　　　　■ 書類の整理・ファイリング
　　　　■ デスクの整頓

18:00　　退社

> やり残した仕事がないかチェックする。次の日の予定も立てておくと出社時スムーズ。

第1章　経理の仕事　基本のき

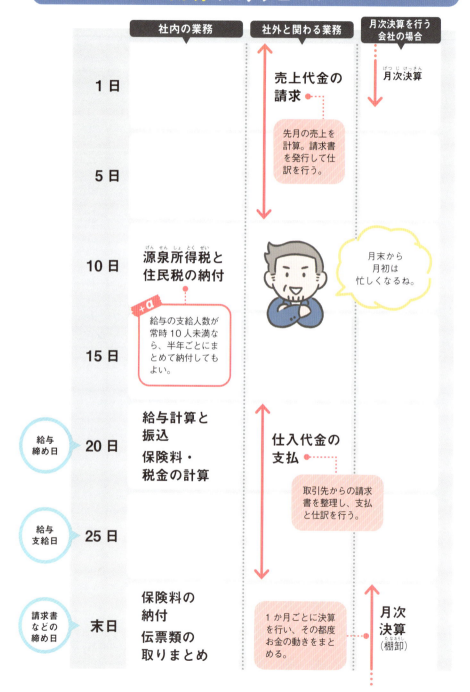

YEAR
1年のスケジュール

		1年に1度行う業務	忙しさの度合い
期首	4月	年次決算 （決算整理） （決算書作成）	繁忙期❷
	5月	株主総会の開催 （税金の申告・納付）	
	6月		
	7月	○ 賞与支払 ○ 社会保険料の算定基礎届の提出	
	8月		リフレッシュ期 8月・9月・10月
	9月		
	10月		
	11月	中間申告	
	12月	年末調整　○ 賞与支払	繁忙期❶ 12月 年末調整
	1月	○ 源泉徴収票の提出	
	2月		
期末	3月	年次決算 （実地棚卸）	繁忙期❷ 3月〜5月中旬 年次決算

+α 総会の議案について、書面上で株主全員から同意が得られていれば、開催を省略できる。

長期休暇を取る、資格の勉強をするなど有効に使おう。

法人税（P215）や消費税（P217）は、前期の税額が一定以上だった場合、期の途中で税金の一部を納める。

従業員一人ひとりの正しい所得税額を確定し、過不足分を調整する。

1年間の会社の経営成績や財政状態を決算書（P204〜）にまとめる。

※上記のスケジュールは、3月決算の会社を想定しています。

知識 毎日 適宜 毎月 毎年

文字や数字表記の基本ルール

- ☑ 基本となる数字の書き方・訂正の仕方を覚える
- ☑ 大きな金額の表記もすぐに読めるようにする
- ☑ 素早く正確に現金を数えるため、正しいお札の数え方を身につける

　伝票（P28）は手書きで作成することもあります。まず筆記用具は不正な書き換えができないように、**必ず黒のボールペンを使います。書き損じの修正は修正液を使わず、二重線を引き訂正印を押します。**

　また、書き損じた伝票を破棄すると、伝票の連番に欠番が生じるため、会計監査などで不正を疑われることもあります。×印を書いて保存しましょう。

手書き文字の注意点

【書き方】

訂正用に、スペースの上3分の1は空けておく。

○ 1234567890 — 一つひとつの数字がはっきりと読みやすく正確に書かれている。

× 1234567890 — 崩れ字・略字などは他の数字と間違えるおそれがある。

【訂正の仕方】

○

全体に二重線を引きその上に正しい数字を。訂正印（訂正したことを示す印）も忘れずに。

×
0
2460

間違えた数字のみを訂正したり、斜線で訂正したりしない。また、修正液の使用もNG。

大きな金額の数字表記

【 "千円" 表記 】

カンマ1つ分（,000）を省略して表記する。決算書など大きな金額の書類が見やすくなる。

10 千円 ＝ 1 万円
100 千円 ＝ 10 万円
1,000 千円 ＝ 100 万円

【 漢数字表記 】

領収書などでは、アラビア数字より改ざんしづらい漢数字で金額を表記することも。

壱萬圓または壹萬圓 ＝ 一万円
弐萬圓または貳萬圓 ＝ 二万円
参萬圓または參萬圓 ＝ 三万円
仟圓または阡圓 ＝ 千円
拾萬圓 ＝ 十万円
佰萬圓または陌萬圓 ＝ 百万円

【 カンマの位置 】

1,000,000,000

十億　百万　千

カンマの位置ですぐに桁がわかるようにする。

第1章　経理の仕事　基本のき

主な線の種類と意味

伝票や帳簿に使われる線にはそれぞれ意味がある。

300,000
5,000
305,000

斜線
後から数字が記入されるのを防ぐ。

締切線
赤の2本線。記入はここまで、という区切りを示す。

合計線
赤の1本線。上の項目の合計額を、線の下に書く。

お札の数え方（右利きの場合）

1. お札をそろえ、左手の中指と薬指の間に挟む。
2. 左手の親指でお札を図のように折り曲げ、右手の親指と人さし指でお札上部をつまむ。
3. 左手の親指でお札をずらしながら、右手の指で手前にはじくようにして数える。

【知識】 毎日 適宜 毎月 毎年

伝票や帳簿の種類

- ☑ 多くの会社で使われるのは振替・入金・出金の3種類の伝票
- ☑ 帳簿には"主要簿"と"補助簿"がある
- ☑ 補助簿は企業ごとに必要に応じ作成する

　日々の取引を1件ずつ記録する用紙を「伝票」といいます。会計ソフトの普及により、手書き伝票を使うことは少なくなっていますが、領収書などがない場合には便利に使われます。

　日々の取引をまとめて記録するのが「帳簿」です。どの会社も必ず作成するのが「仕訳帳」と「総勘定元帳」。そのほか、必要に応じて「現金出納帳」「預金出納帳」などの補助簿を作成します。

主な伝票の種類

多くは振替・入金・出金の3種類の伝票のみを用いる。
代金を後で受け取る掛取引が多い事業は売上・仕入伝票も用いることも。

【 入金伝票 】
会社に現金が入ってくる取引を記録する伝票（P69）。

【 出金伝票 】
会社から現金が出ていく取引を記録する伝票（P70）。

【 振替伝票 】
どのような仕訳にもオールマイティに使える伝票（P71）。

【 売上伝票 】
売上取引を記録するための伝票。

【 仕入伝票 】
仕入取引を記録するための伝票。

主な帳簿の種類

帳簿にはさまざまな種類があるが、大きく"主要簿"と"補助簿"に分けられる。

【 主要簿 】
どの会社も必ず作成しなければいけない帳簿。

仕訳帳
すべての取引の仕訳を発生順に並べたもの。

総勘定元帳
すべての取引の仕訳を勘定科目（取引の名称:P 40～）ごとに並べたもの。会計ソフトなら自動作成が可能。

伝票は、経理担当者によって帳簿に転記され、とりまとめられる。

【 補助簿 】
主要簿を補う帳簿。作成の義務はなく、会社ごとに必要なものを必要に応じてつくる。

現金出納帳
現金の入出金のみを記録する帳簿。日々の現金の動きを管理できる。

預金出納帳
預金の入出金のみを記録する帳簿。銀行口座を通じた取引の管理が目的。

【 その他の補助簿 】

■ **固定資産台帳**
固定資産取得時の状況や減価償却を記録し管理する（P139）。

■ **手形台帳**
手形の詳細を記入し、債権債務の管理や回収の計画に役立てる。

■ **商品有高帳**
商品ごとに在庫の数量・単価・金額を記録し、在庫管理に役立てる。

売掛金元帳
別名、得意先元帳。得意先別の売掛金の残高や債権の回収状況を管理するためにつくる（P115）。

買掛金元帳
別名、仕入先元帳。自社の支払遅延の防止や債務残高の管理などのために作成される（P123）。

知識　毎日　適宜　毎月　毎年

伝票や帳簿の処理の流れ

- ☑ 日々の伝票・帳簿入力が決算書（P204～）をつくる重要な要素になる
- ☑ 会計ソフトの普及により経理業務が効率化された
- ☑ "ツールを使いこなす力"がますます求められるように

　従来は、取引が発生したら、各部署の担当者や経理担当者が、取引ごとに「伝票（P28）」を作成していました。そのため、経理担当者は、伝票を日付順に「仕訳帳」にとりまとめて、さらに「総勘定元帳」に転記する必要がありました（P29）。

　近年は会計ソフトで仕訳帳に記入するのが一般的で、総勘定元帳への転記も自動的に行われます。会計ソフトを使いこなせれば、業務効率は格段にアップするでしょう。ただし、**会計ソフトをうのみにせず、チェックを怠らないことも大切**です。

伝票の処理の流れ

領収書が発行されない取引の際には、伝票が使用されることが多い。

【 従業員が各自伝票を作成 】

営業
公共交通機関の交通費を伝票に記録。

総務
得意先の従業員へのご祝儀代を伝票に記録。

経理担当者
買い出しで領収書をもらい忘れて伝票に記録。

各部署の担当者や経理担当者が、各自取引を伝票に記入し記録する。

【 経理担当者が帳簿に記録 】

経理担当者

仕訳帳
＆
総勘定元帳

経理担当者は伝票を取りまとめ、仕訳帳と総勘定元帳（P29）へ記録する。

伝票・帳簿の処理の流れ

企業の経営成績や財政状態の把握には、日々の入力業務を正確に遂行することが重要となる。

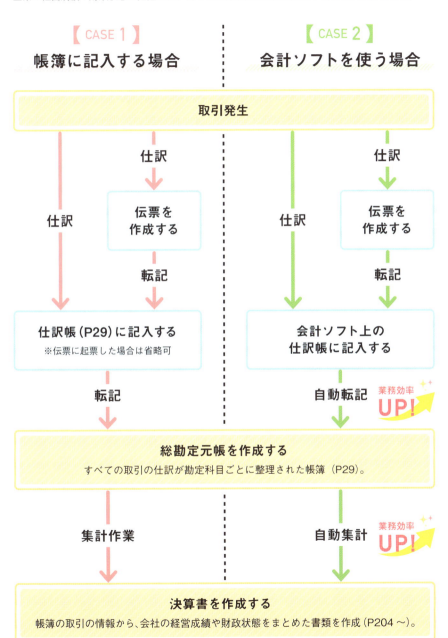

知識 | 毎日 | 適宜 | 毎月 | 毎年

印鑑の種類と使い分け

- ☑ 会社で使う印鑑は主に4種類。それぞれ役割が異なる
- ☑ DX推進の一環により、電子ハンコの導入が推奨される
- ☑ まずは社内のハンコレスをめざすなど、少しずつ取り組んでいく

日本では、書類の信頼性を高め、責任の所在を明らかにするために「押印」が慣習となっています。しかし、**2021年のデジタル庁創設にともない、押印事務が見直されました。企業にとっても、コスト削減や生産性の向上、業務効率化につながるとされ、今後、脱ハンコの動きは進む**と考えられます。

現在、会社で使われる主な印鑑は4種類です。「会社代表印」や「銀行印」の他、経理がよく使うのは「角印」で、請求書や納品書などに押印します。また、住所を書く手間を省くための「ゴム印」もあります。

印鑑の上手な押し方

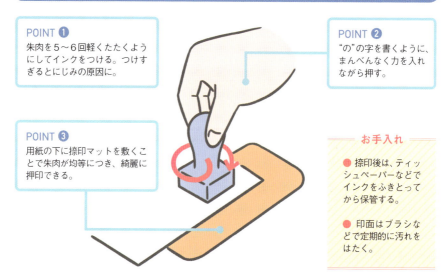

POINT ❶
朱肉を5～6回軽くたたくようにしてインクをつける。つけすぎるとにじみの原因に。

POINT ❷
"の"の字を書くように、まんべんなく力を入れながら押す。

POINT ❸
用紙の下に捺印マットを敷くことで朱肉が均等につき、綺麗に押印できる。

お手入れ
- ● 捺印後は、ティッシュペーパーなどでインクをふきとってから保管する。
- ● 印面はブラシなどで定期的に汚れをはたく。

印鑑の種類

【会社代表印】
（実印）

会社設立の際に、法務局に届け出て登録した印鑑。

用途
・重要な契約書
・役所に提出する書類
　　　　　　　　など

【銀行印】
（届出印）

金融機関に届け出て登録した印鑑。金融機関との取引で使用する。

用途
・預金の出し入れ
・小切手や手形の振り出し
　　　　　　　　など

【角印】
（社印）

会社の印鑑。特に印鑑登録などは必要ない。

用途
・請求書　・注文書
・領収書　　　など

【ゴム印】
（社判）

記入の手間を省くため、社名・連絡先などを印鑑にしたもの。

用途
・請求書（角印などと一緒に）
・契約書（実印などと一緒に）
　　　　　　　　など

さまざまな印鑑の押し方

契印（けいいん）
複数ページにわたる書類が1つであることを示すため、両ページの境目に押印する。

割印（わりいん）
2枚の文書にまたがるように押印し、その文書の関連性を示す（原本と写しなど）。

捨印（すていん）
取引先や公的な機関に送付した書類など、自社で訂正できないときのためあらかじめ欄外に押しておく訂正印。

第1章　経理の仕事　基本のき

章末 Column

電卓・PCを使いこなして業務効率化

経理の仕事で毎日使用する電卓とPC。
機能を使いこなせると業務がぐんと効率化する。

電卓の便利な機能

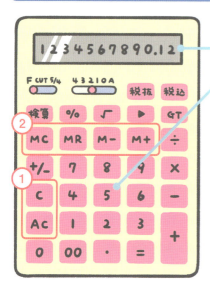

パネルに最低10桁以上表示できるものを選ぶ。

5のキーの小さな突起に中指をあわせ、タッチタイピングの際の基準にする。

使い分けよう

① クリアキー

`AC` ▶ オールクリアキー

これまでの計算過程すべてを消去する。

`C` ▶ クリアキー

最後に入力した数値のみ消去できる。

数字を一時的に記憶できる

② メモリー機能

`M+` ▶ メモリープラス
電卓に表示されている数字をメモリーに足す。

`M-` ▶ メモリーマイナス
電卓に表示されている数字をメモリーから引く。

`MR` ▶ メモリーリコール
メモリーの数字を電卓に表示する。

`MC` ▶ メモリークリア
メモリーを消去する。

練習問題

800×5+100×3

800×5＝ ▶ `M+`
100×3＝ ▶ `M+`
　　　　 ▶ `MR`
計　4300

第1章 経理の仕事 基本のき

電卓やPCは、毎日の業務では欠かせないもの。**どちらもタッチタイピングで使えることをめざします。**

さらに経理力を高めるためには、それぞれの便利な機能を覚えて使いこなしていくことです。ここでは、電卓の便利な機能とPCのショートカットキーを紹介します。

機能をフル活用できれば、日々の作業がスピードアップし、業務効率化につながります。積極的に試して、電卓やPCをよい相棒にしていきましょう。

PCのショートカットキー

【テキスト操作】

`Ctrl` + `C` → `V`
▶ テキストをコピー&ペースト

`Ctrl` + `X`
▶ テキストをカット

`Ctrl` + `Z`
▶ 直前の操作を取り消す

`Ctrl` + `A`
▶ ページ内の文字や画像を全選択

【ファイル操作】

`Ctrl` + `O`
▶ 他のファイルを開く

`Ctrl` + `N`
▶ 新規ファイルを開く

`Ctrl` + `P`
▶ ファイルを印刷

`Ctrl` + `S`
▶ 上書き保存

【フォルダ操作】

`Ctrl` + `Shift` + `N`
▶ 新規フォルダを作成

`Alt` + `←`
▶ 1つ前に選択していたフォルダに戻る

`Alt` + `→`
▶ 戻る前のファイルに進む

`Backspace`
▶ 一階層上のフォルダに移動

`⊞` + `E` (Windowsキー)
▶ エクスプローラーを開く

【その他】

`Ctrl` + `1`〜`9`
▶ タスクバーのアプリを開く（一番左のアプリが1）

`⊞` + `L` (Windowsキー)
▶ PCをロック

`Ctrl` + `W`
▶ 作業中のウィンドウを閉じる

`Ctrl` + `Alt` + `Delete`
▶ シャットダウン

※上記は全てWindowsのPC用のショートカットキーです。

第2章 簿記のルー

経理業務の必須項目

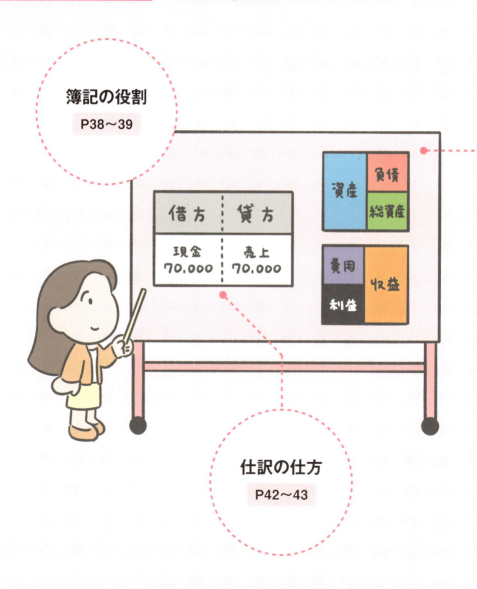

簿記の役割
P38〜39

仕訳の仕方
P42〜43

ルと仕訳の基礎

勘定科目の役割・分類
P40〜41

グループごとの勘定科目は P44〜54

よく出てくる仕訳
P55〜57

簿記の役割

- 簿記とは、会社のお金や物の出入りを記録するためのルール
- 会社はお金や物の出入りが多岐にわたり複雑
- そのため、単式簿記より多くの情報を記録できる複式簿記を用いる

「商品を仕入れた」「商品を販売した」「給与を支払った」「備品を補充した」など、会社では多くのお金や物の出入りがあります。これらをきちんと記録しておかなければ、儲けや財産の増減がわからず、経営判断もできません。そこで、業種や会社の規模にかかわらず、**一定のルールで帳簿に記録する方法**が「簿記」です。

簿記には「単式簿記」と「複式簿記」がありますが、**会社の帳簿は「複式簿記」でつけます。現金以外のやりとりや物の増減も正確に記録することができます。**

取引をお金の増減のみで記録する　単式簿記

取引を、お金の増減という一面のみから記録する簿記。

＼メリット／
記帳が簡単
専門知識がいらず、誰でも記帳が可能。

月日	勘定科目	摘要	収入	支出	差引残高
7月1日	普通預金	現金補充	150,000		
7月3日	消耗品費	コピー用紙代		5,000	
7月4日	福利厚生費	サーバーの水代		3,000	
7月6日	仮払金	出張旅費　経理太郎		15,000	
7月30日	新聞図書費	7月分新聞代		3,000	
	7月合計		290,000	202,000	88,000

例えば、もし借金したお金で黒字になっていたとしても見分けることができません。

収入と支出の差額を計算すれば、手元のお金がわかる。ただ、経営状態を詳しく把握することは難しい。

38

取引を2つの面から記録できる 複式簿記

"お金がいくら増減した"という事実だけでなく、増減の理由や受取方法なども記録することができる。

1つの取引につき、"5,000円の預金が出ていった"という事実と、"5,000円の消耗品を購入した"という理由の2つの面が記録されている（詳しくはP42〜）。

月日	借方		貸方	
7月1日	現金	150,000	普通預金	150,000
7月3日	消耗品費	5,000	普通預金	5,000
7月4日	福利厚生費	3,000	現金	3,000
7月6日	仮払金	15,000	現金	15,000
7月7日	普通預金	15,000	売上	15,000
7月29日	賃借料	100,000	普通預金	100,000
7月30日	新聞図書費	3,000	現金	3,000
		300,000		300,000

ある程度の専門知識が必要ですが、経営状態を正しく把握できます。

左（借方）と右（貸方）の金額の合計は必ず同じになる。

メリット
ミスに気づく

記帳を間違えると、左と右の合計金額がそろわなくなるので、すぐにわかる。

メリット
経営状態を把握できる

お金の出入りだけでなく、会社の財政状態なども記録でき、決算書（P204〜）を作成できる。

第2章 簿記のルールと仕訳の基礎

COLUMN

【 一般的な取引と簿記上の取引の違い 】

簿記で扱う経済活動は、お金や物の出入りがある事象で、これを「取引」といいます。「大口の契約が取れた」「商品を注文した」なども経済活動ですが、簿記では扱いません。その時点においては、お金や物の出入りがないからです。一方、「事務所が火事で焼けた」「故障した機械を廃棄した」「備品を盗まれた」「銀行から融資を受けた」などは取引となります。一般的な取引とは意味合いが少し違うので注意が必要です。

勘定科目の役割・分類

知識 | 毎日 | 適宜 | 毎月 | 毎年

- ☑ 簿記にお金や物の出入りを記録するときは、共通の名目である勘定科目を使う
- ☑ 勘定科目はたくさんあるが、5つのグループに分類されている
- ☑ 5つのグループのバランスから、会社の経営成績や財政状態がわかる

簿記では、取引を記録する基本ルールが2つあります。1つは、**取引を「資産、負債、純資産、収益、費用」の5つのグループに分類する**こと。これは決算書をつくるための重要な下準備です。もう1つは**取引を「勘定科目」を使って記録する**ことです。勘定科目とは取引内容を示す名称で、家計簿の「食費」や「光熱費」のようなもの。記入する人によるバラつきを防ぎ、実態を正確に記録できます。

取引の5つのグループ

取引は5つのグループのいずれかに分類され、経営を把握するための決算書（P204〜）をつくるのに必要な要素となる。

【 資産 】
会社が運用している財産。現金、預金、建物など。また売掛金など将来入ってくる収入。
▶P44〜

【 負債 】
調達資金のうち、借入金や買掛金など、将来返済の義務をともなうもの。
▶P46〜

【 純資産 】
調達資金のうち、会社設立時の出資金や、その後の利益の蓄積など返済義務のないもの。
▶P48〜

【 収益 】
売上など、企業活動によって得たお金。
▶P50〜

【 費用 】
仕入、給与、広告宣伝費など、収益を得るためにかかったお金。
▶P52〜

40

5つのグループの関係性

会社の財政状態を表す貸借対照表（P206～）や経営成績を表す損益計算書（P208～）などの決算書では、5つのグループのバランスを見ることで、財産の状況や儲けを把握している。

【 貸借対照表 】

会社の財政状態を表す書類。資産・負債・純資産の3グループがまとめられる。

POINT 1
資産の合計は、負債・純資産の合計とつり合う。

POINT 2
返済義務のある調達資金である負債と、返済義務のない調達資金である純資産。この内訳を見ることで、会社の経営の健全さがわかる。

会社の成長のための資金として負債を利用することは、必ずしも悪いとは言えません。

詳しくは ▶P206～

【 損益計算書 】

会社の1年間の儲けを表す書類。収益・費用の2グループと、収益から費用を引いた"利益"がまとめられる。

POINT 1
収益の合計は、費用・利益の合計とつり合う。

POINT 2
儲けたお金（収益）から、儲けるために使ったお金（費用）を差し引くことで、純粋な儲け（利益）がわかる。

費用が収益を上回ると、利益ではなく"損失"として表されます。

詳しくは ▶P208～

知識 毎日 適宜 毎月 毎年

仕訳の仕方

- ☑ 仕訳とは、簿記のルールに従って帳簿を記入すること
- ☑ 勘定科目（P40～）を用い、1つの取引を2つの側面から記録する
- ☑ 勘定科目ごとに、借方（左）と貸方（右）のどちらに記入するかが決まっている

　取引が発生したら、「仕訳」という方法で記録します。**1つの取引を2つの側面でとらえ、「借方（左）」と「貸方（右）」に分けて記録する**のです。**左右の分け方は、その取引が、どのグループに所属するかによって決まっています**（P43）。「資産と費用が増えたときは左」、「負債、純資産、収益が増えたときは右」です。

　例えば「7万円の商品を現金で売った」場合なら現金、つまり「資産」が増えているので、借方（左）に「現金 70,000」と書きます。一方、貸方（右）には、その理由として「売上 70,000」と記入します。

仕訳の基本ルール

1つの取引を"事実"と"理由"に分け、勘定科目に置き換えて記入する。記入欄の左には借方、右には貸方という名前がついている。

鉄則❶ 取引が5つのグループ（P40）のどれに属するかで、左右どちらに書くかが決まる。

鉄則❷ 左（借方）と右（貸方）の金額は必ずつり合う。

仕訳の流れ

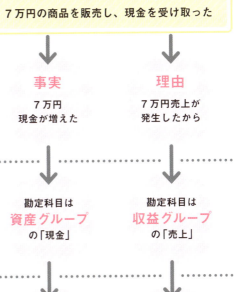

① 取引を"事実"と"理由"に分ける

取引を「お金がいくら増減したか」という事実と「なぜ増減したか」という理由の2つの側面に分ける。

② 勘定科目に置き換える

事実と理由が、それぞれ5つの取引のグループのどれに属するか、どの勘定科目で表すかを考える。

③ 仕訳のルールに従い記入する

取引のグループごとに、増加したとき、あるいは減少したときに左右のどちらに記入するかが決まっている。

仕訳のルール

	借方	貸方
資産	増加 ⬆ したら左	減少 ⬇ したら右
負債	減少 ⬇ したら左	増加 ⬆ したら右
純資産	減少 ⬇ したら左	増加 ⬆ したら右
収益	減少 ⬇ したら左	増加 ⬆ したら右
費用	増加 ⬆ したら左	減少 ⬇ したら右

仕訳完了

借方	貸方
現金　70,000	売上　70,000

グループごとの勘定科目一覧

資産グループ

資産とは、現金・預金や商品、建物、設備など、会社の運用する財産をさす。また、貸付金や売掛金など、後でお金を受け取る権利（債権）も含まれる。

【 仕訳のルール 】

借方	貸方
資産 が 増加 ↑ したら **左** へ	資産 が 減少 ↓ したら **右** へ

貸借対照表とリンクさせて覚えよう

借方	貸方
資産	負債
	純資産

資産の増加は左（借方）へ書く。貸借対照表（P206～）のポジションと同じ。減少は右（貸方）へ書く。

資産は左！

【 仕訳例 】

● 貸付金

（例）○×社に現金50万円を貸し付けた。

現金（＝資産）50万円が減ったという事実を貸方に、○×社に貸し付けた（＝資産）からという理由を借方に入れる。

資産 の増加 ↑	資産 の減少 ↓
借方	貸方
貸付金　500,000	現金　500,000

● 固定資産

（例）社用車を購入し、現金120万円を支払った。

現金（＝資産）120万円が出ていったという事実を貸方に、車両運搬具（＝資産）を購入したからという理由を借方に入れる。

資産 の増加 ↑	資産 の減少 ↓
借方	貸方
車両運搬具　1,200,000	現金　1,200,000

【 資産グループの勘定科目一覧 】

> 決算書を読みやすくする目的や、税計算のために、取引の5グループ（P40）内にもそれぞれ区分がある。

勘定科目	内容	区分
現金	硬貨や紙幣。また、小切手などすぐ現金に換金できるものも含まれる。担当者の手元に置いてある少額の現金は"小口現金"。	流動資産（P49）
預金	金融機関に預けているお金。"普通預金"、"当座預金"、"定期預金"など種類がある。	
受取手形	提供した商品・サービスの代金として受け取った手形。	
売掛金	商品やサービスなど、本業で販売した物のうち、まだ代金を受け取っていないもの。	
有価証券	売買目的で所有している株式、国債、社債、地方債などの金融商品。	
商品	販売目的で仕入れた商品。	
貯蔵品	決算時点で残っている未使用の消耗品や切手、収入印紙など。	
短期貸付金	取引先や従業員に貸したお金のうち、1年以内に返済される予定のもの。それ以上先のものは"長期貸付金"とされ、固定資産となる。	
未収金	固定資産や有価証券など、本業以外で販売したもののうち、まだ代金を受け取っていないもの。	
仮払金	仮で支払った、一時的な出金。	
立替金	取引先や従業員が払う費用を一時的に立て替えて支払ったもの。	
前払金・前渡金	商品の代金を一部または全部前払いしたもの。	
前払費用	まだ提供を受けていないサービスの代金を一部または全部前払いしたもの。	
未収収益	継続して提供しているサービスで、まだ代金を受け取っていないもの。	
貸倒引当金	売掛金、受取手形、貸付金などが回収できなかったときの損失をあらかじめ見積もったもの。	
建物	店舗や事務所、倉庫、工場など。	固定資産（P49）
土地	店舗や事務所、倉庫、工場などの敷地や駐車場など。	
車両運搬具	会社が所有する自動車やトラック、オートバイ、フォークリフトなど。	
工具器具備品	机、PC、コピー機など1年以上使用する高額な道具。	
減価償却累計額	減価償却費（P198～）の累計金額。	

第2章　簿記のルールと仕訳の基礎

---- グループごとの勘定科目一覧 ----

負債グループ

負債とは、返済義務のある調達資金のこと。事業のために借り入れたお金の他、買掛金など後で支払う義務があるもの（債務）も含まれる。調達資金全体のうち、あまりに負債の割合が大きいと、経営に影響あり。

【 仕訳のルール 】

貸借対照表とリンクさせて覚えよう

負債の増加は右（貸方）へ書く。貸借対照表（P206〜）のポジションと同じ。減少は左（借方）へ書く。

負債は右！

【 仕訳例 】

● 借入金

（例）銀行から現金500万円を借り入れた。

現金（＝資産）が500万円増えたという事実を借方に、銀行から借り入れた（＝負債）からという理由を貸方に入れる。

資産 の増加⬆	負債 の増加⬆
借方	貸方
現金　5,000,000	借入金　5,000,000

● 買掛金

（例）買掛金5万円を現金で支払った。

現金（＝資産）が5万円減ったという事実を貸方に、買掛金（＝負債）を支払ったからという理由を借方に入れる。

負債 の減少⬇	資産 の減少⬇
借方	貸方
買掛金　50,000	現金　50,000

【 負債グループの勘定科目一覧 】

勘定科目	内容	区分
買掛金（かいかけきん）	商品の仕入やサービスの利用料など、本業のために支払った代金のうち、後日支払う予定のもの。	流動負債（P49）
支払手形（しはらいてがた）	商品などの代金の支払いとして仕入先に振り出した手形（P80）。	流動負債（P49）
短期借入金（たんきかりいれきん）	金融機関から借りたお金のうち、1年以内に返済義務があるもの。	流動負債（P49）
未払金（みばらいきん）	水道光熱費など、本業以外で発生した代金のうち、後日支払う予定のもの。	流動負債（P49）
前受金（まえうけきん）	商品の代金の一部または全部を前もって支払ってもらったもの。内金や手付金。	流動負債（P49）
仮受金（かりうけきん）	仮で受け取った、一時的な入金。	流動負債（P49）
預り金（あずかりきん）	後日納めるために、取引先や従業員から預かった社会保険料、所得税など。	流動負債（P49）
未払費用（みばらいひよう）	継続してサービスを受けているものの、まだ支払っていない代金。	流動負債（P49）
前受収益（まえうけしゅうえき）	翌期以降の収益を先に受け取ったもの。	流動負債（P49）
未払法人税等（みばらいほうじんぜいとう）	まだ納めていない法人税、住民税、事業税。	流動負債（P49）
退職給付引当金（たいしょくきゅうふひきあてきん）	従業員の退職金のために備えておくお金。	固定負債（P49）
社債（しゃさい）	資金集めのために発行した債券。	固定負債（P49）
長期借入金（ちょうきかりいれきん）	金融機関から借りたお金のうち、1年以上先に返済するもの。	固定負債（P49）

COLUMN 【 勘定科目は職場ルールに従おう 】

　実は、勘定科目の種類や名称の定め方に明確な決まりはありません。例えば、海外出張が多い会社なら「旅費交通費（P92〜）」とは別に「海外出張費」を立てるなど、会社が管理しやすいよう勘定科目の名称や分類方法を変えたり、独自の科目を設けたりすることが可能です。

　ただ、税務署に決算書（P204〜）を提出する際など、第三者が見ても内容が明確にわかる科目名にすることが重要です。

グループごとの勘定科目一覧

純資産グループ

純資産とは、返済義務のない調達資金のこと。会社の元手となる資本金や出資金、これまでに蓄えてきた利益など。普段の仕訳作業で、純資産グループを扱うことはほぼない。

【 仕訳のルール 】

借方	貸方
純資産 が 減少 ⬇ したら **左** へ	純資産 が 増加 ⬆ したら **右** へ

貸借対照表とリンクさせて覚えよう

借方	貸方
資産	負債
	純資産

純資産の増加は右（貸方）へ書く。貸借対照表（P206〜）のポジションと同じ。減少は左（借方）へ書く。

純資産は右！

【 仕訳例 】

● 資本金

（例）会社を設立するために、1,000万円の出資を受けた。

預金（＝資産）が1,000万円増えたという事実を借方に、資本金（＝純資産）の出資を受けたからという理由を貸方に入れる。

資産 の増加 ⬆	純資産 の増加 ⬆
借方	貸方
預金　10,000,000	資本金　10,000,000

（例）新会社設立にあたり、300万円分の株式を発行し、全株式の払い込みを受けた。

預金（＝資産）が300万円増えたという事実を借方に、株主から出資を受けた（＝純資産）からという理由を貸方に入れる。

資産 の増加 ⬆	純資産 の増加 ⬆
借方	貸方
預金　3,000,000	資本金　3,000,000

【純資産グループの勘定科目一覧】

勘定科目	内容	区分
資本金	会社を設立したときや、増資したときに受け入れた出資金。	資本金（下図）
資本準備金	会社設立や増資の際に受け入れた出資金のうち、資本金として計上しなかった分のお金。	資本剰余金（下図）
利益準備金	会社が儲けた利益のうち、会社法で積立が義務づけられているもの。	利益剰余金（下図）
繰越利益剰余金	会社が儲けた利益のうち、積み上げてきた利益の合計。	利益剰余金（下図）
任意積立金	事業拡大資金や役員の退職金等、特定の目的のために積み立てるもの。	
別途積立金	特定の目的を定めずに積み立てるもの。	

知識を深める

貸借対照表グループの詳細区分

詳細に会社の財政状態を把握するため、グループ内にさらに細かい区分がある。
貸借対照表をつくる際も、この区分により整理される。
資産や負債の流動・固定の区分の仕方には、
「正常営業循環基準」と「1年基準」の2通りある。

● **流動資産**
現金、預金、売掛金や受取手形など。

● **固定資産**
土地、建物、車、特許権、のれんなど。

● **流動負債**
買掛金、支払手形、短期借入金、未払金など。

● **固定負債**
社債や長期借入金など。

● **資本金**
出資金など。

● **資本剰余金**
資本金に含めていない出資金。

● **利益剰余金**
会社の経済活動で得た利益の蓄え。

◆ **正常営業循環基準**
流動か固定は、まずこの基準で区分される。通常の営業サイクル内（仕入、商品・サービスの販売）で発生したものを流動、それ以外を固定区分とする。

◆ **1年基準**
正常営業循環基準に該当しない場合は、この基準で考える。1年以内に代金の回収、または支払期限があると流動区分、1年以上だと固定区分とするもの。

グループごとの勘定科目一覧

収益グループ

収益とは、会社が儲けたお金のこと。主に商品の売上など。
他にも、預貯金の利息や、
保有している株を売って得た儲けなども含まれる。

【 仕訳のルール 】

借方	貸方
収益 が 減少 ⬇ したら **左** へ	収益 が 増加 ⬆ したら **右** へ

損益計算書と
リンクさせて覚えよう

収益の増加は右（貸方）へ書く。損益計算書（P208〜）のポジションと同じ。減少は左（借方）へ書く。

収益は
右！

【 仕訳例 】

● 売上

（例）10万円分の商品を販売し、代金を現金で受け取った。

現金（=資産）が増えたという事実を借方に、商品を売り上げた（=収益）からという理由を貸方に入れる。

資産 の増加⬆	収益 の増加⬆
借方	貸方
現金　100,000	売上　100,000

● 預金の利息

（例）普通預金の利息700円が振り込まれた。

預金（=資産）が増えたという事実を借方に、受取利息（=収益）が振り込まれたからという理由を貸方に入れる。

資産 の増加⬆	収益 の増加⬆
借方	貸方
普通預金　700	受取利息　700

【 収益グループの勘定科目一覧 】

勘定科目	内容	区分
売上(うりあげ)	商品やサービスを売り上げて得たお金。	売上高(うりあげだか)（下図）
受取利息(うけとりりそく)	預貯金や、お金を貸したとき（貸付金・国債など）に受け取った利息。	営業外収益(えいぎょうがいしゅうえき)（下図）
受取配当金(うけとりはいとうきん)	会社が所有する株式の配当金。	
受取賃貸料(うけとりちんたいりょう)	土地や建物などを貸して受け取った家賃。	
有価証券売却益(ゆうかしょうけんばいきゃくえき)	有価証券を売却したときの利益。	
為替差益(かわせさえき)	外国通貨や外国債券の取引などで為替レートの変動により発生した利益。	
雑収入(ざっしゅうにゅう)	本業以外で得た利益のうち、ほかの勘定科目に当てはまらないもの。	
固定資産売却益(こていしさんばいきゃくえき)	固定資産を売却したときの利益。	特別利益(とくべつりえき)（下図）

> 知識を深める

損益計算書グループの詳細区分

詳細に会社の儲けを把握するため、グループ内にさらに細かい区分がある。
損益計算書をつくる際も、この区分により整理される。

● 売上原価(うりあげげんか)
売れた商品の仕入や製造にかかった原価。

● 販売費及び一般管理費(はんばいひおよびいっぱんかんりひ)
企業活動を行うにあたり必要な経費。

● 営業外費用(えいぎょうがいひよう)
投資活動など、本来の会社の営業以外で発生した費用。

● 特別損失(とくべつそんしつ)
その期のみ例外的に発生した損失。

● 売上高
商品やサービスを提供して儲けた売上金額の総額。

● 営業外収益
投資活動など、本来の会社の営業以外で得た収益。

● 特別利益
その期のみ例外的に発生した利益。

第2章 簿記のルールと仕訳の基礎

グループごとの勘定科目一覧

費用グループ

費用とは、収益を得るために使ったお金のこと。給与や家賃、水道光熱費や交通費などの経費をさす。普段、仕訳を行う頻度が最も高いのがこのグループ。

【 仕訳のルール 】

損益計算書とリンクさせて覚えよう

費用の増加は左（借方）へ書く。損益計算書（P208～）のポジションと同じ。減少は右（貸方）へ書く。

費用は**左**！

【 仕訳例 】

● 経費

（例）4,000円の新聞代金を会社のクレジットカードで支払った。

未払金（＝負債）が増えたという事実を貸方に、新聞図書費（＝費用）が発生したからという理由を借方に入れる。

費用 の増加 ↑	負債 の増加 ↑
借方	貸方
新聞図書費　4,000	未払金　4,000

● 仕入

（例）15万円の商品を仕入れ、現金で支払った。

現金（＝資産）が減ったという事実を貸方に、商品を仕入れた（＝費用）からという理由を借方に入れる。

費用 の増加 ↑	資産 の減少 ↓
借方	貸方
仕入　150,000	現金　150,000

【 費用グループの勘定科目一覧 】

勘定科目	内容	区分
仕入	販売する商品や原材料の購入代金。	
給与手当	従業員に支払う給与。	
賞与	給与以外で従業員に支払われるお金。ボーナス。	
退職金	従業員や役員が退職する際に支払われるお金。	
役員報酬	取締役や監査役など、会社の役員に支払われる報酬。役員への賞与は"役員賞与"。	
法定福利費	厚生年金保険や健康保険、雇用保険などの社会保険のうち、会社が負担するもの。	
福利厚生費	慰安目的の行事や常備薬など、従業員を労ったり、働きやすい環境を整えたりするためのお金。	
通勤交通費	従業員の自宅から会社までの交通費。旅費交通費に含める場合もある。	
消耗品費	生活用品など、使用期間が1年未満で10万円未満の備品。	
事務用品費	文房具やコピー用紙代など、事務作業に必要な備品。	販売費及び一般管理費 (P51)
賃借料	土地や建物以外(車両やPCなど)のレンタルやリースにかかったお金。	
支払家賃	店舗や事務所などの家賃や駐車場の料金など。	
支払保険料	会社が加入している車両保険や火災保険などの保険料。	
修繕費	会社の建物や機器、車両などの修理・維持管理費。	
広告宣伝費	チラシやCMなど、商品や企業名の宣伝にかかったお金。	
租税公課	固定資産税、自動車税、印紙税などの租税や、その他国や地方公共団体に納める手数料や罰金、会費などの公課。	
減価償却費	会社が所有する固定資産を費用化したもの。	
旅費交通費	移動時の電車・タクシー代、駐車場料金、出張時の交通・宿泊費など。	
通信費	電話、郵便、宅配便、インターネットなどにかかったお金。荷造運賃(下)は除く。	
荷造運賃	商品の発送にかかった梱包代や運賃。	
水道光熱費	電気代、水道代、ガス代など。商品の製造過程で使用した分は除く。	

第2章 簿記のルールと仕訳の基礎

【 費用グループの勘定科目一覧 】

勘定科目	内容	区分
保管料	商品や製品などの保管を倉庫業者などに委託した場合の倉庫使用料や預かり料。	販売費及び一般管理費（P51）
リース料	車両や機械などのリース契約にかかるお金。	
会議費	会議、商談、打ち合わせにかかる場所代や資料代、飲食代など。	
交際費	取引相手の接待や、お中元・お歳暮などの贈答品にかかるお金。	
外注費・業務委託費	デザインや清掃など、社外に業務を委託したときに支払ったお金。	
支払報酬	弁護士や税理士など、社外の専門家に業務を委託したときに支払ったお金。	
支払手数料	金融機関の振込手数料など。	
寄附金	国や地方公共団体、政治団体、町内会などに金銭や物品を無償で贈与したもの。	
諸会費	会社が加入している業界団体や社交団体の会費など。	
新聞図書費	業務に必要な情報を収集するための新聞や雑誌、業界紙の購読料や書籍の購入費。	
車両費	会社の自動車のガソリン代、自動車税、自動車保険料、車検費用など。	
雑費	どの勘定科目にも当てはまらない費用。	
貸倒損失	受取手形や売掛金、貸付金などが回収できなくなったときに発生した損失。	
支払利息	借入金にかかる利息。	営業外費用（P51）
有価証券売却損	株式などの有価証券を売却したときに発生した損失。	
為替差損	外国通貨や外国債券の取引などで為替レートの変動により発生した損失。	
雑損失	本業以外で発生した費用のうち、他の勘定科目に分類できない、かつ少額のもの。	
固定資産売却損	固定資産を売却したときに発生した損失。	特別損失（P51）
固定資産除却損	固定資産を廃棄処分したときに発生した損失。	

よく出てくる仕訳

日々の仕訳作業で扱う取引は限られている。
それぞれのパターンを覚えておけば、素早くミスなく仕訳ができる。

1. 現金の入出金

【 現金が入ってきたとき 】

これだけおさえる

入金があれば 左(借方) に記入

現金＝ 資産グループ
だから、
増加したら左、
減少したら右だね
(P44)。

● 預金の引き出し

(例) 普通預金から現金8万円を引き出した。

現金（＝資産）が増えたという事実を借方に。普通預金（＝資産）を引き出したからという理由を貸方に入れる。

借方	貸方
現金　80,000	普通預金　80,000

● 小切手を受け取った

(例) 商品5万円を販売し、代金を小切手で受け取った。

すぐに換金できる小切手は現金に分類される。現金（＝資産）が増えたという事実を借方に、売上（＝収益）が増えたからという理由を貸方に入れる。

借方	貸方
現金　50,000	売上　50,000

【 現金が出ていったとき 】

これだけおさえる

出金があれば 右(貸方) に記入

● 預金の預け入れ

(例) 手元にある現金8万円を普通預金に預け入れた。

現金（＝資産）が減ったという事実を貸方に、普通預金（＝資産）に預け入れたからという理由を借方に入れる。

借方	貸方
普通預金　80,000	現金　80,000

よく出てくる仕訳

2. 売上・仕入

【 売上があったとき 】

これだけおさえる
売上があれば 右（貸方）に記入

● 現金で売ったとき

（例）10万円の商品を現金で売り上げた。

現金（＝資産）が増えたという事実を借方に、売上（＝収益）が増えたからという理由を貸方に入れる。

借方	貸方
現金　100,000	売上　100,000

● 掛け（後払い）で売ったとき

（例）翌月末支払の約束で、20万円の商品を売り上げた。

売掛金（＝資産）が増えたという事実を借方に、商品を売り上げた（＝収益）からという理由を貸方に入れる。

借方	貸方
売掛金　200,000	売上　200,000

● 手形を受け取ったとき

（例）5万円の商品を販売し、代金を手形で受け取った。

受取手形（＝資産）が増えたという事実を借方に、商品を売り上げた（＝収益）からという理由を貸方に入れる。

借方	貸方
受取手形　50,000	売上　50,000

【 仕入があったとき 】

これだけおさえる
仕入があれば 左（借方）に記入

● 現金で買ったとき

（例）10万円分の商品を仕入れ、代金を現金で支払った。

現金（＝資産）が減ったという事実を貸方に、商品を仕入れた（＝費用）からという理由を借方に入れる。

借方	貸方
仕入　100,000	現金　100,000

● 掛け（後払い）で買ったとき

(例) 翌月末支払いの約束で、20万円の商品を仕入れた。

買掛金（＝負債）が増えたという事実を貸方に、商品を仕入れた（＝費用）からという理由を借方に入れる。

借方	貸方
仕入　200,000	買掛金　200,000

● 手形で支払ったとき

(例) 5万円の商品を仕入れ、代金の支払として手形を振り出した。

支払手形（＝負債）が増えたという事実を貸方に、商品を仕入れた（＝費用）からという理由を借方に入れる。

借方	貸方
仕入　50,000	支払手形　50,000

3. 経費の支払

＼ これだけおさえる ／
何に支払ったかを 左（借方） に記入

給与や消耗品などの経費＝ 費用グループ の増加は、左（P52）ですね！

● 給与の支払

(例) 会社の口座から従業員の口座へ給料30万円を支給した。

普通預金（＝資産）が減ったという事実を貸方に、給与手当（＝費用）を支払ったからという理由を借方に入れる。

借方	貸方
給与手当　300,000	普通預金　300,000

● 広告宣伝費の支払

(例) 雑誌への広告宣伝費20万円を口座振り込みで支払った。

普通預金（＝資産）が減ったという事実を貸方に、広告宣伝費（＝費用）を支払ったからという理由を借方に入れる。

借方	貸方
広告宣伝費　200,000	普通預金　200,000

企業会計原則の一般原則

企業会計原則は、企業会計の根本的なルール。
実務に直接関わるものではないが、企業会計の重要な理念。

1 真実性の原則

決算書に嘘は書かない

「企業会計は、企業の財政状態及び経営成績に関して、真実な報告を提供するものでなければならない」とされている。
決算書に不正や不当な利益操作があれば、取引先や株主が不利益を被ることに。適切な会計処理による決算書の作成が最重要。

2 正規の簿記の原則

複式簿記で正しく記帳する

「企業会計は、すべての取引につき、正規の簿記の原則に従って、正確な会計帳簿を作成しなければならない」と定められている。
正確な会計帳簿とは「網羅性」「立証性」「秩序性」を兼ね備えたもののことで、一般には複式簿記をさす。

3 資本取引・損益取引区分の原則

2つは明確に区分される

「資本取引と損益取引とを明瞭に区別し、特に資本剰余金と利益剰余金とを混同してはならない」というもの。
正確な決算書をつくるため、お金の出自（資本金か経済活動による損益か）を区別する。
資本金の使い込みや利益隠しを防ぐ目的も。

会計における昔からの大事な決まりごとです。

4 明瞭性の原則

決算書はわかりやすく表示する

「企業会計は、決算書によって、利害関係者に対し必要な会計事実を明瞭に表示し、企業の状況に関する判断を誤らせないようにしなければならない」というもの。
重要な会計方針や決算後の重大事象（会社合併や災害による損害など）も必ず開示する。

＼＼ 例えば…… ／／

100万円入金があった場合、「株式の新規発行の払い込み」なら、資本金の増減なので資本取引、「商品の代金」なら企業活動で生じた損益取引。両者を区別して処理しなければならない。

各企業が決算書を作成する際、その基準がバラバラだと、利害関係者が出資や融資、取引の是非を判断することが難しくなります。そこで、1949（昭和24）年に、旧大蔵省の企業会計制度対策調査会（現・金融庁の企業会計審議会）が**決算書作成における統一ルールを定めました。これが「企業会計原則」**です。

この原則は、企業会計におけるさまざまな慣習のうち、一般的に公正・妥当と認められるものを要約してつくられたものです。**企業会計の根底にある理念を示し、企業会計に関わるすべての人が守るべきルールとされています。**

企業会計原則は、「一般原則、損益計算書原則、貸借対照表原則」の3つから構成されています。ここでは、最も上位のルールである一般原則を紹介します。

第2章 簿記のルールと仕訳の基礎

5 継続性の原則

毎期同じ方法で会計処理を行う

「企業会計は、その処理の原則及び手続を毎期継続して適用し、みだりにこれを変更してはならない」というもの。
会計処理には複数の処理方法が認められているものもあるが、正当な理由なく処理方法を変えると、期間ごとの比較が正しくできないので、毎期同じ方法で処理する。

6 保守主義の原則

不利益をもたらす事象について適切な処理を行う

「企業の財政に不利な影響を及ぼす可能性がある場合には、これに備えて適当に健全な会計処理をしなければならない」というもの。
「収益（売上）は遅く低めに、費用（コスト）は早め多めに計上する」という考え方が基本。

\\\\ 例えば…… ////

取引先が倒産の危機に陥っており、売掛金が回収できない可能性が高い場合は、早い段階で、その売掛金に対し、貸倒引当金を計上し、健全な財政状態を示す。

7 単一性の原則

帳簿の数字を変えたり内容をごまかしたりしない

「株主総会提出のため、信用目的のため、租税目的のため等種々の目的のために異なる形式の財務諸表を作成する必要がある場合、それらの内容は、信頼しうる会計記録に基づいて作成されたものであって、政策の考慮のために事実の真実な表示をゆがめてはならない」というもの。
目的の違う決算書を作成する際も元の帳簿は同じものとし、二重帳簿を禁止している。

これらの原則に反すると、
金融商品取引法や
会社法に抵触するおそれもある。

Column

国を挙げて推進が後押しされる
経理業務のDX

後回しにしていると、気がつけば他の会社に後れをとることに。
小さな取り組みでもよいので、1歩を踏み出すことが肝要。

競争力を保つには
DXが不可欠

　DXとは「Digital Transformation」の略で、**デジタル技術による変革のこと**。デジタル技術を活用して、単に業務効率を高めるだけでなく、新たなビジネスモデルの創出や組織の変革をめざすものです。

　今後、競争力を保つためには、どのような領域でもDXは不可欠です。しかし、IPA（情報処理推進機構）の「DX白書2023」によると、100人以下の企業の57.7%がDXに取り組んでいないと報告されています。人手も資金も余裕がない中小企業は、DXまで手が回らない、何をしたらよいかわからないというのが実情のようです。

人手不足の中小企業こそ
DXを進めるべき

　経理業務に関わるDXとして、まず取り組みやすいのは、経費精算など社内で完結する業務の効率化です。また、さらに高い効果が期待できるのが、会計ソフトの切り替え。近年、クラウド型会計ソフト（P63）の機能が著しく進化しており、従来の3〜5倍のスピードで仕訳を任せられるようになっています。

　人手がある大企業に比べ、中小企業は経理業務が少し増えただけでも、回らなくなってしまう危険性があります。人手不足の中小企業だからこそ、DX推進の恩恵は大きいでしょう。また、**中小企業の場合、経営者が決断さえすれば、さまざまな事情が絡む大手企業より、一気にDXを進めやすい**という面もあるのです。

単純作業はAIに任せ
付加価値を高めていく

　単純作業をAIに任せると、業務効率が高まります。経理担当者は単なる会計処理にとどまらず、管理会計（P226〜）により深く関わることができるようになります。例えば、社内外で幅広く情報を入手して、関係各社の動向やお金の流れを把握したり、経営者のニーズに即した会計情報を提供したりするなど、**AIにはできない付加価値を高めていくことが大切**です。

　これからの経理パーソンにはデジタルツールを使いこなす力や情報収集能力は欠かせません。まずはプライベートで積極的に試してみるとよいでしょう。

これからの時代に求められるスキル

ツールの種類や機能が多様化しているいま、2つの力が求められる。

ツールを使いこなせる

仕訳効率化のツールが発達し、使う人と使わない人では作業時間に何倍もの差が。できるだけ機能を使いこなし、多くの仕訳ができるようになる。

新しい情報に敏感

新しいツールの登場や機能の更新は、日に日にスピードアップしている。常に最新の情報に触れるために日頃からアンテナを張っておきたい。

第2章 簿記のルールと仕訳の基礎

DX推進フロー

取り組みの大小にかかわらず、業務の効率化には従来のやり方の変更がともなう。
ポイントをおさえ、段階を踏んで進めることで失敗しない。

前段階：社内に周知する

経営者が集会で説明するなどし、DXの重要性・緊急性を従業員全員に理解してもらう。

ここをかためておけば、推進中の協力もあおぎやすいのです。

1 取り組む課題を決める

共通の社内の課題を探し、優先度の高いものから取り組む。特に課題がない場合は、事務作業の効率化から着手するのがおすすめ。

無理にデジタル技術で解決しようとしない。業務フローや社内規定などの見直しで解決することも。

2 現場に導入する

推進リーダーを中心に、ツールなどを実際に現場に導入する。リーダーは通常業務と推進業務が並行となるので、サポート体制を充実させる。

導入予定のツールなどを、一部の従業員に試用してもらうとよい。問題点があれば早めにわかる。

3 改善を繰り返す

導入後、従業員へのヒアリングを行い、不便な点を解消できるよう改善を続ける。ツールなどが定着するまで繰り返す。

共通して出てきたものや、重要度の高いものから順に取り組む。

→ 次の取り組みへ

取り組みやすいDX推進例

> いきなり大規模な変革に取りかかるのは、失敗しやすいためおすすめできません。

システム導入・刷新など、
大規模なプロジェクトだけがＤＸではない。
手の届く範囲の小さな取り組みから、少しずつ進めていく。

＼＼ まずは個人やチーム間で試してみるのも◎ ／／

難易度 ★★★

社内の情報共有をより手軽に

手軽に取り組めて効果も実感しやすいのが、社内コミュニケーションの効率化。毎日頻繁に行うことなので、大きな時間の節約になる。

連絡はチャット or メッセージアプリで

メールと違い、定型文の入力に時間を取られることがない。スタンプなどでリアクションできるようにすると、より時間の短縮に。

▸ 例
Chatwork、Slack、LINE WORKS など

グループウェアを導入

メール、チャット、スケジュール管理、ドキュメント管理、テレビ会議など多機能。社内のコミュニケーションの基盤を構築できる。

▸ 例
サイボウズ Office、Google Workspace など

オンラインストレージを使用

社外からも、データ類の閲覧や編集ができる。テレワークも可能に。

▸ 例
Dropbox Business、Box など

＼＼ 作業の効率化＆経費削減 ／／

難易度 ★★★

キャッシュレス・ペーパーレス促進

紙保存を義務化する法規制等などにより、経理業務はデジタル化が進めづらかった。しかし、近年は電子帳簿保存法の改正（P218～）などにより意識が改められている。これを機に、キャッシュレス・ペーパーレスを推進しよう。

第2章 簿記のルールと仕訳の基礎

≫ テレワークもOKに！ ≪

難易度 ★★★

会計ソフトをクラウド型に切り替え

会計ソフトには、自社運用型（自社内に管理サーバを置く）とクラウド型（サーバの管理を委託する）の2種類があり、現在の主流はクラウド型。常に最新版を利用できたり、社外からアクセスが可能になったりとメリットが多い。使用中のソフトの更新のタイミングで、切り替えを検討してみても。

▼ 例
freee 会計、ジョブカン会計、Money Forward クラウド会計 など

便利な機能

自動連携
他のあらゆるシステムやクラウドサービスと連携し、自動で会計ソフトに仕訳データを取り込むことができる。

取引先推測
過去の取引履歴から学習し、勘定科目や品目を入力すると、取引先が自動で記録される機能。

≫ あると便利!? ≪

自動で仕訳ができる証憑スキャナー
レシート・領収書などの証憑をスキャンすることで、日付や金額を読み取り、自動で仕訳作業を行う機器。

▼ 例
証ひょうリーダー（JDL）

最初は社内で完結する取り組みからスタート。関係者が少ないほうが、トラブルなども起きづらいです。

口座振込で経費精算する
小口現金での経費の精算は非効率。精算は月1回にまとめ、銀行振込に。経費精算のために出社を余儀なくされることもなくなる。

経費精算システムを導入
領収書などの自動読み取り機能が搭載されており、申請側の手間やミスが減る。申請者が入力した内容は自動的に仕訳され、会計ソフトと連携することができる。

▼ 例
楽々精算、freee 経費精算 など

電子ハンコの承認を許可する
電子ハンコとは、印影をデータ化したもの。印刷して押印しなくても、データ上で書類に印影を残せる。社内で作成した画像データなどでもかまわないが、有料サービスで提供されている識別情報つきのものだとセキュリティ面も安心。

▼ 例
Shachihata Cloud、Money Forward クラウド契約 など

章末 Column

ミスが減るデスク・PCの整理整頓術

散らかった机やPCフォルダはミスのもと。
日頃から身の回りの整理整頓を心がける。

理想のデスク

Check!
書類の"ちょい置き場"をつくる
後で処理しようと書類などを放置しておくのは危険。一時保管するときはトレーやチャック付きのファイルなどに必ず入れるように。

Check!
不要になったものはすみやかに破棄
保存期間を過ぎた書類などは溜め込まずに捨てる。機密情報はシュレッダーにかけてから。

Check!
書類は平置きしない
書類の山が倒れたり、書類が探しづらかったりして非効率。ファイルBOXなどに立てて整理する。

定期的に従業員同士でチェックし合うと気が引きしまります。

Check!
物の定位置を決める
それぞれの置き場を決めておき、使ったら戻すようにする。自然と散らからなくなる。

ミスを引き起こす3つの不足(P7)の1つが**整理整頓不足**です。デスクの上が乱雑だと、預かった書類をなくしてしまったり、取り違えたりといったミスが起こりやすくなります。また、PC内もきちんと整理しておかないと、必要な資料にすぐアクセスできません。

ミスを減らし、業務効率を高めるために、デスクやPCの整理整頓を心がけましょう。他社との取引に関する書類やデータは特に注意し、必ず定位置を決めておくようにしてください。

【 Ⓐ 書類のファイリング 】

アイデア1:領収書など

現金支払/口座引き落としなど支払方法で分類する。

アイデア2:請求書など

処理したら

未処理/処理済で分けておき、処理したらファイルを移す。

会社のファイリングの決まりがあるなら、そちらにそろえよう!

【 Ⓑ PCのフォルダ整理 】

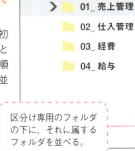

フォルダの区分けのための空フォルダ。■や●など目立つマークを入れておくと見やすい。

アイデア1:ナンバリングですっきり

フォルダ名の最初に数字をふることで、使いやすい順番にフォルダを並べられる。

区分け専用のフォルダの下に、それに属するフォルダを並べる。

アイデア2:グルーピングですっきり

区分け専用のフォルダでフォルダを整理。フォルダが何層もの入れ子式になることを防ぎ、全体像をわかりやすく並べることができる。

第3章 すばやく正確に処理する 現金・預金

小切手・手形の処理
P80〜83

現金管理業務
P72〜75

管理と経費精算

経費精算
P84〜89
主な経費の仕訳や
注意点は
P90〜105

預金管理業務
P76〜79

伝票の
記入の仕方
P68〜71

伝票の記入の仕方

- ☑ 経理担当者以外が伝票で取引を記録することもある
- ☑ 入金は入金伝票、出金は出金伝票、振替伝票は何にでも使える
- ☑ 経理担当者は伝票を取りまとめ、総勘定元帳（P29）にまとめる

　会社の経済活動で発生した取引はすべて1冊の仕訳帳（P29）に記入します。日付順に1行ずつ、記入しなければならないため、複数人で作業を分担することができません。

　そこで用いられるのが「伝票」です。部署の担当者が取引ごとに伝票を作成しておけば、経理担当者がそれらを取りまとめて、直接、総勘定元帳に転記することができます。

　伝票は主に「入金伝票、出金伝票、振替伝票」が用いられ、これを「三伝票制」といいます。振替伝票以外は、簿記の知識のない人でも作成できます。経理担当者は伝票の記入ルールを理解し、ミスがないかをチェックしてください。

伝票を作成するときの基本ルール

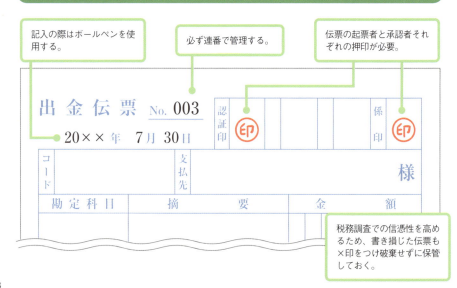

68

入金伝票の記入

入金伝票（赤伝）は、借方の勘定科目が現金になる取引専用の伝票。相手から現金を受け取るときに使用する。

【記入例】

（例）商品A（1つ1,000円）を5個販売し、代金を現金で受け取った。

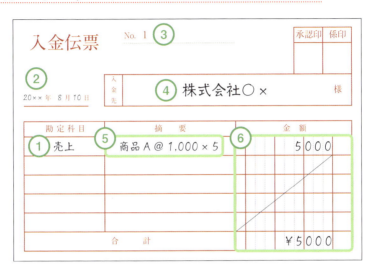

① 勘定科目
貸方の勘定科目を記入（仕訳の際、借方は現金となる）。

② 作成日
伝票を作成したときの年月日を記入する。

③ 管理番号
伝票を作成した順に番号をふって管理する。

④ 取引先の名前
取引相手の名前を必ず正式名称で記入する。

⑤ 摘要
取引の内容を簡単に記入する。

⑥ 取引金額
各取引の金額を記入し、一番下には取引の合計金額を記入する。合計額との間が空くときは、斜線を引いておく。

上記の取引を仕訳すると

現金（＝資産）が増加したという事実を借方に、商品を売り上げた（＝収益）からという理由を貸方に入れる。

借方	貸方
現金　5,000	売上　5,000

借方の勘定科目は必ず現金になる
伝票の内容を貸方に入れる

出金伝票の記入

出金伝票（青伝）は、貸方の勘定科目が現金になる取引専用の伝票。相手に現金を支払うときに使用する。

【 記入例 】

（例）トイレットペーパー（1つ900円）を5つ、現金で購入した。

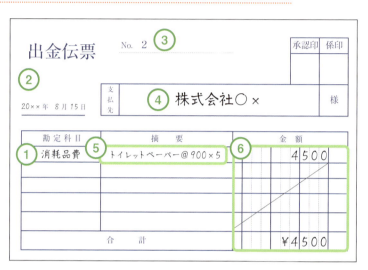

上記の取引を仕訳すると

現金（＝資産）が減少したという事実を貸方に、消耗品費（＝費用）を支払ったからという理由を借方に入れる。

借方	貸方
消耗品費　4,500	現金　4,500

伝票の内容を借方に入れる／貸方の勘定科目は必ず現金になる

振替伝票の記入

入金伝票や出金伝票と違い、どんな取引にも使用できるオールマイティな伝票。振替伝票の記入には、簿記の知識が必要になる。借方と貸方の合計金額は一致する。

【記入例】

(例) パンフレットの制作費19万9,800円を口座振込で支払い、振込手数料200円を負担した。

① 作成日
伝票を作成したときの年月日を記入する。

② 管理番号
伝票を作成した順に番号をふって管理する。

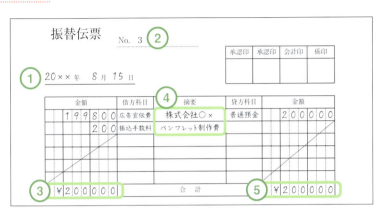

③ 借方
借方の勘定科目と取引金額を記入。一番下の欄には取引の合計金額を記入する。合計額との間が空くときは、斜線を引いておく。

④ 取引先の名前
取引相手の名前を必ず正式名称で記入する。下の空いているスペースなどに、取引内容を簡単に記録しておくとよい。

⑤ 貸方
貸方の勘定科目と取引金額を記入。一番下の欄には取引の合計金額を記入する。合計額との間が空くときは、斜線を引いておく。

上記の取引を仕訳すると

普通預金(=資産)が出ていったという事実を貸方に、広告宣伝費と振込手数料(=費用)を支払ったからという理由を借方に入れる。

\\ 伝票どおりに仕訳すればOK //

借方	貸方
広告宣伝費　199,800	普通預金　200,000
振込手数料　　　200	

このような仕訳を複合仕訳という

借方・貸方に複数の勘定科目を記入することを「複合仕訳」という。売上や経費の詳細が何項目にもわたる場合などに便利。複合仕訳では、それぞれの借方と貸方の金額は必ずしも一致せず、取引全体の合計金額のみが一致する。

第3章　現金・預金管理と経費精算

知識　毎日　適宜　毎月　毎年

現金管理業務の基本

- ☑ 小口現金(こぐちげんきん)の管理担当者を一人決めておく
- ☑ 小口現金管理担当者は正確な入出金と厳重な管理を心がける
- ☑ 不正出金を防ぐため、社内の管理体制を整えておく

　会社の取引は銀行口座を通じたやりとりが中心ですが、経費精算や宅配便の着払いなど、現金が必要なこともよくあります。そのために**会社に用意しておく少額の現金**が「**小口現金**」です。会社の資産の基幹である現金の大切さを学ぶためにも新入社員がベテラン社員と一緒に管理を任せられることもあります。

　出金時は、領収書などの証憑(しょうひょう)を確認してから、出金します。その場で相手に金額を確認してもらい、受け取りのサインも必ずもらうようにしてください。

小口現金管理のポイント

入出金の際に1円の誤差も出さないよう、小口現金管理担当者には正確な処理と厳重な管理が求められる。会社の現金は、手提げ金庫に入れるなどし管理することが多い。

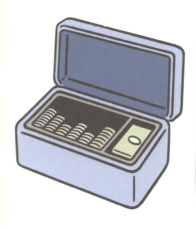

Check!
印鑑や収入印紙(P119)など、入れるものは最低限に絞る。業務に関係ないものは入れない。

Check!
使用するとき以外は必ず鍵をかけるようにする。

Check!
おつりが出ても困らないよう、硬貨と紙幣は過不足なく入れておく。

不正出金できない体制を整えておく

不正や誤りを未然に防ぐため、会社内での管理体制を整えておく。たとえ小さな会社だとしても、2人以上のチェックは必要。

例

金種表(P74)を作成する

経理担当者だけでなく経営者もチェックする

会計事務所にチェックをお願いする

小口現金管理　1日の流れ

朝：手提げ金庫の取り出し・中身チェック

鍵のかかる金庫・引き出しに保管

1 手提げ金庫は金庫などに厳重に保管しておき、始業時に経理責任者が取り出す。

2 小口現金管理担当者が手提げ金庫を受け取り、前日の金種表と照らし合わせる。

日中：手提げ金庫から入出金を行う

3 従業員の経費精算など、現金の動きがあれば、手提げ金庫から入出金を行う。取引は必ず小口現金出納帳（P75）に記録する。

入出金には必ず証憑（領収書・精算書など）をともなう

証憑がない場合は、伝票などで記録し忘れないようにする

夕方：金種表の作成

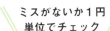
ミスがないか1円単位でチェック

4 終業時に金種表を作成する。経理責任者に手提げ金庫を渡し、金種表の確認を依頼する。

5 経理責任者は、金種表・手提げ金庫の中身を確認したのち、手提げ金庫を金庫に戻す。

第3章　現金・預金管理と経費精算

知識 | 毎日 | 適宜 | 毎月 | 毎年

金種表と小口現金出納帳

- ☑ 小口現金の入出金があれば、必ず小口現金出納帳に記録する
- ☑ 金種表を作成し、小口現金出納帳と誤差がないか確認（現金実査）
- ☑ 管理の手間を省くため、小口現金の使用をなくしていくのが理想

　小口現金管理で重要なのが、小口現金出納帳への記入と金種表の作成です。小口現金出納帳への記入は後回しにせず、出金後すみやかに行いましょう。

　金種表とは、紙幣と硬貨が何枚ずつあるかを一覧表にしたもので、現金残高を把握するために作成します。終業時に、手提げ金庫内の現金残高を確認して金種表をつくり、小口現金出納帳と照合します。**過不足は、その日のうちに原因を確かめましょう**。金額が一致したら、金種表と手提げ金庫を金庫に保管します。

金種表への記入

金種表

記入日 20××年 8月30日

金種		枚数	金額
紙幣	10,000	10	100,000
	5,000	5	25,000
	2,000	3	6,000
	1,000	10	10,000
硬貨	500	5	2,500
	100	20	2,000
	50	7	350
	10	25	250
	5	4	20
	1	10	10
合計			146,130 円

記入者　経理　太郎

終業時の現金実査は金種表を用いて行う。最初に日付を記入するのを忘れずに。次に手提げ金庫内の硬貨と紙幣が何枚あるか種類ごとに数える。金額を計算し、金庫内の合計残高を記録する。

金種表の残高は、小口現金出納帳（P75）の同じ日付の残高と一致する。

小口現金出納帳への記入

入出金があるたびに、日付、簡潔な摘要、入出金額、内訳、小口現金の残高などを記録する。残高が少なければ早めに補充する。

> 入出金額の内訳を書く。会社によって異なるが、交通費、通信費、消耗品費などのよく使う項目は欄を設けておくとよい。

小口現金出納帳

日付		摘要	受入金額	支払金額	支払内訳				残高
月	日				交通費	通信費	消耗品費	その他	
8	1	前月繰越	200,000						200,000
8	5	コピー機カートリッジ購入代		22,000			22,000		178,000
8	10	切手購入代		20,000		20,000			158,000
8	17	仮払金精算（経理太郎 出張費）	1,500						159,500
8	20	荷造運賃費		10,370				10,370	149,130
8	30	8月分新聞代		3,000				3,000	146,130
		補充	53,870						200,000
		合計	255,370	55,370		20,000	22,000	13,370	200,000
8	31	当月出金		55,370					
8	31	次月繰越		200,000					

> 小口現金出納帳の残高は、同じ日付の金種表（P74）の残高と対応している。金額は必ず一致する。

> 金種表・小口現金出納帳どちらも、記録方法は紙、Excelなど何でもかまいません。

COLUMN

【 小口現金を使わない方法を考える 】

会社に小口現金があれば経費精算などスピーディーに対応できますが、現金実査など経理の負担は大きいものです。経理の負担を減らすために、小口現金はなるべく使わない方法を考えてみましょう（P62～）。

例えば、備品の支払などは月末にまとめて口座引き落としや口座振込に。また、法人用クレジットカードやプリペイドカードを用いる方法もあります。従業員の立替経費は給与と一緒に銀行振込で対応できます。

知識　毎日　適宜　毎月　毎年

預金管理業務の基本

- ☑ 目的に応じていくつもの種類の預金口座を使い分ける
- ☑ 銀行口座と預金出納帳（P78）の残高が一致しているか毎日確認する
- ☑ 入出金の予定を管理し、口座が残高不足にならないようにする

　会社の取引の決済のほとんどは、銀行口座を通して行われます。多数の関連会社を抱える大企業では、100、200を超える銀行口座を持つこともありますが、中小企業では1～3つくらいの銀行口座を持つのが一般的でしょう。

　会社が利用する銀行口座には、主に「普通預金」「当座預金」「定期預金」「通知預金」などです。

　経理担当者は毎日、すべての預金残高を確認し、銀行・口座ごとにつくった「預金出納帳」（P78）とつき合わせます。

　特に重要なのが当座預金。残高が不足していると、手形決済ができず「不渡り」を招くことになりかねません。会社の信用を一気に失墜させてしまうので、十分に注意してください。

　預金口座への入出金も、経理担当者の仕事です。社内ルールに従って、厳格に手続きを行いましょう。

会社の預金口座の種類

大きく分けて、口座振り込みや有価証券の支払などで普段づかいする口座と、資金運用に活用する口座の2種類がある。特徴を理解し、目的に応じて使い分ける。

【 普通預金 】
普段づかい
常時預金の出し入れができ、日常的な入出金で利用する。利息はつくが、定期預金より低い。

【 当座預金 】
普段づかい
小切手や手形を決済するための口座。利息はつかない。銀行が倒産しても全額保護される。

【 定期預金 】
資金運用
一定額を預け入れ、決められた期日までは引き落とししない約束の預金。有利な金利がつく。

【 通知預金 】
資金運用
まとまった金額を短期間預け入れるのに利用できる預金。引き落とす2日前に通知が必要。

その他にも
- 別段預金 ……… 一時的に預かる資金を保管しておくための預金。利息はつかない。
- 納税準備預金 … 納税にあてる資金を預けておく預金。利息は非課税。

主な預金管理業務

預金管理は最も大切な経理業務の1つ。会社の取引の大半は銀行口座を通して行われる。

残高の確認
毎日口座残高を確認し、預金出納帳（P78）の残高と一致しているか照らし合わせる。

入出金の確認
従業員の給与や支払代金の振込、小口現金用のお金の引き出しなどを適宜行う。

ワンタイムパスワード
1回限り使い捨てのパスワード。IB（右）のセキュリティを強化できる。

インターネットバンキング（IB）
銀行に行かなくても、口座の残高照会、振込、振替などが行える。

資金繰り
預金の入出金の予定を管理し、残高が不足しないようにする。日次資金繰り表（P79）を作成して管理するとよい。

資金運用
しばらく使う予定のない資金を、金利の高い預金（定期預金など）に移し替えるなど、会社のお金を運用する。

第3章 現金・預金管理と経費精算

預金管理にまつわる用語

振替（ふりかえ）
同一銀行にある同一名義の口座間でお金を移動させること。手数料がかからない。

口座振替（こうざふりかえ）
金融機関の預金口座から、公共料金や保険料などを自動で引き落としすること。

五十日（ごとおび）
毎月5・10・15・20・25・30日（または末日）のこと。決算を行う会社が多いため銀行が混雑する。

知識 **毎日** 適宜 毎月 毎年

預金出納帳と日次資金繰り表

- ☑ 口座ごとに預金出納帳を作成し、毎日入出金の有無・口座残高を確認する
- ☑ 日次資金繰り表で、会社の資金がショートしないよう管理する
- ☑ 資金ショートが起きそうな場合は、早めに相談と対策を

「**預金出納帳**」は預金口座のお金の流れをまとめたもので、**補助簿の1つ。銀行・口座ごとに、入出金や取引内容を記入します**。

あわせて作成したいのが「日次資金繰り表」です。売上があっても代金の回収が遅いと、経費の支払ができず「資金ショート」に陥ってしまいます。そこで、**代金回収日や給与・家賃・仕入代金などの支払日を、日次資金繰り表にまとめておきましょう**。手元のお金の流れを常に把握し、見通しを立てておきましょう。

預金出納帳

預金口座ごとに作成し、預金の流れや残高を管理する。銀行にお金を預けたとき（預入）やお金を下ろしたとき（引出）はその都度記録し、残高不足に注意する。

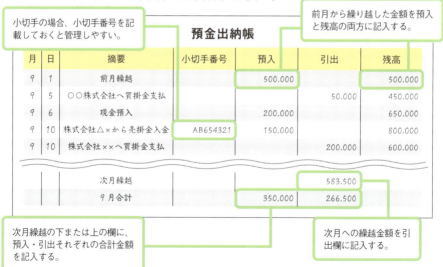

小切手の場合、小切手番号を記載しておくと管理しやすい。

前月から繰り越した金額を預入と残高の両方に記入する。

月	日	摘要	小切手番号	預入	引出	残高
9	1	前月繰越		500,000		500,000
9	5	○○株式会社へ買掛金支払			50,000	450,000
9	6	現金預入		200,000		650,000
9	10	株式会社△×から売掛金入金	AB654321	150,000		800,000
9	10	株式会社××へ買掛金支払			200,000	600,000
		次月繰越			583,500	
		9月合計		350,000	266,500	

次月繰越の下または上の欄に、預入・引出それぞれの合計金額を記入する。

次月への繰越金額を引出欄に記入する。

日次資金繰り表

現金・預金の収入や支出をまとめたもの。損益計算書に記載される収益や費用の金額は、会社にある現金・預金の入出金と一致しない。そのため、日次資金繰り表を作成し、将来の収支予測に役立てる。長期スパンの資金繰りには、長期資金繰り表（P238）を作成する。

管理が徹底していると見なされ、金融機関からの印象がよくなることも。

第3章 現金・預金管理と経費精算

- 「前月繰越」に、前月から繰り越した現預金残高を入力する。
- **入金の場合**：「入金」に金額を入力し、内訳を記入する。
- **出金の場合**：「出金」に金額を入力し、内訳を記入する。
- 「合計」に入出金後の残高を入力する。

資金繰り表

月	日	内容	入金	入金内訳 現金	当座預金	普通預金	出金	出金内訳 現金	当座預金	普通預金	合計
9	1	前月繰越	1,000,000								1,000,000
9	1	A銀行 借入金返済					200,000			200,000	800,000
9	5	リース料金支払					50,000			50,000	750,000
9	8	水道光熱費支払					30,000			30,000	720,000
9	9	消耗品の購入					3,000	3,000			717,000
9	20	A社へ買掛金支払					150,000				
9	20	B社へ買掛金支払					500,000				
		合計									

事前にわかっている入金・出金は、先に記入しておく。

下旬に大きな額の買掛金の支払が…このままだと資金ショート

資金ショートを防ぐには

1 銀行から借り入れる
銀行から資金を借り入れる。相談は2～3か月前が理想。資金不足となる日の前に返済があれば、交渉して期日を延ばしてもらう手段も。

2 売掛金の入金を早めてもらう
資金不足となる日の後に売掛金の入金予定があれば、取引先にお願いして入金を早めてもらう。

3 買掛金の支払を遅くしてもらう
資金不足となる日の前に買掛金の支払予定があれば、仕入先にお願いして支払を待ってもらう。

知識 毎日 適宜 毎月 毎年

小切手・手形の処理

- ☑ 大きな金額の取引では、小切手・手形が使用されることも多い
- ☑ 手形は、期日前に換金できる割引や、第三者への支払にあてる裏書もある
- ☑ 中小企業では紙の小切手や手形は衰退し"でんさい"（P83）が中心に

「小切手」や「手形」は銀行に支払業務を委託できる有価証券です。

取引先などから小切手や手形を受け取る際には、日付や振出*人名、金額などが正しいかどうかを確認し、領収書を渡します。小切手は、振出日翌日から10日以内に銀行に持ち込めば、現金化できます。

一方、手形の場合は、振り出した人が決めた支払期日までは現金化できません。現金化できるのは支払期日を含めた3日間で、この基本の現金化の方法を「取立」といいます。ほかに、手数料を支払えば支払期日よりも早く現金化できる「割引」や、第三者への支払にあてる「裏書」という方法もあります（P82）。

近年、中小企業では紙の手形の代わりに「電子記録債権（でんさい）」を使うことが増えています。経済産業省は2026年を目途に約束手形の廃止を発表しており、今後も電子化が進んでいくでしょう。

小切手・手形のしくみ

受け取った小切手や手形を銀行に持ち込むと、銀行が仲介役となって小切手・手形を振り出した会社の口座から代金を支払う。大金を扱うリスクを避けることができる。

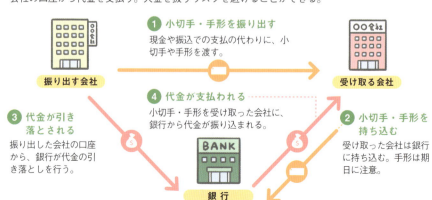

*手形を発行することを、「振り出す」という

小切手・手形の記載内容

自社が小切手や手形を振り出す際は、以下6つの点が正しく記載できているか確認する。

① 支払地
振り出した会社が当座預金口座を開設している銀行名・支店名・その所在地。

② 金額
チェックライターで印字するか、漢数字で記載。改ざん防止のため後ろに※や*をつける。

③ 振出地
振り出し処理をした場所を記載。多くの場合、①に記載された支払地と同じ。

【 小切手 】

【 手形 】

④ 会社名など
小切手や手形を振り出した側の会社名・その所在地・代表者氏名。横に銀行印を押す。

⑤ 耳
振り出した後に残る部分。金額や支払先などを記入し、控えとして保管しておく。

⑥ 割印
⑤の耳の切り取り線の上に銀行印を押す。ハンコの上手な押し方はP32。

第3章 現金・預金管理と経費精算

小切手・手形の仕訳

【 小切手 】

(例) 商品9万円分を掛けで仕入れた（①）。その後、代金を小切手で支払った（②）。

①の仕訳：買掛金（＝負債）が増えたという事実を貸方に、商品を仕入れた（＝費用）からという理由を借方に入れる。
②の仕訳：当座預金（＝資産）が減ったという事実を貸方に、買掛金（＝負債）を返済したからという理由を借方に入れる。

	借方	貸方
①	仕入　　90,000	買掛金　　90,000
②	買掛金　　90,000	当座預金　　90,000

【 手形 】

(例) 商品8万円分の売上を約束手形で受け取り（①）、期日に銀行に手形を持ち込み、入金された（②）。

①の仕訳：受取手形（＝資産）の増加という事実を借方に、商品を売り上げた（＝収益）からという理由を貸方に入れる。
②の仕訳：当座預金（＝資産）の増加という事実を借方に、受取手形（＝資産）を換金したから（減少したから）という理由を貸方に入れる。

	借方	貸方
①	受取手形　　80,000	売上　　80,000
②	当座預金　　80,000	受取手形　　80,000

手形の割引・裏書

【 割引 】

(例) 10万円の約束手形を割引し、割引料3,000円を差し引いた額が当座預金に振り込まれた。

当座預金（＝資産）と割引料（手形売却損＝費用）が増加した事実を借方に、受取手形（＝資産）が減少したからという理由を貸方に入れる。

借方	貸方
当座預金　　97,000 手形売却損　　3,000	受取手形　　100,000

【 裏書 】

(例) 商品15万円分を販売し、代金として約束手形を裏書譲渡された。

受取手形（＝資産）が増加したという事実を借方に入れ、商品を売り上げた（＝収益）からという理由を貸方に入れる。

借方	貸方
受取手形　　150,000	売上　　150,000

電子記録債権（でんさい）

電子記録債権は、中小企業の小切手・手形のやりとりの手間やコストを減らし、資金調達の円滑化を図るために、平成20年12月施行の電子記録債権法のもとに創設された。従来通り銀行が仲介役を担うのは変わらない。取引発生時には、振り出す側の債務者と受け取る側の債権者が、決済完了後には銀行が、電子債権記録機関に通知を行う。

【 でんさいのしくみ 】

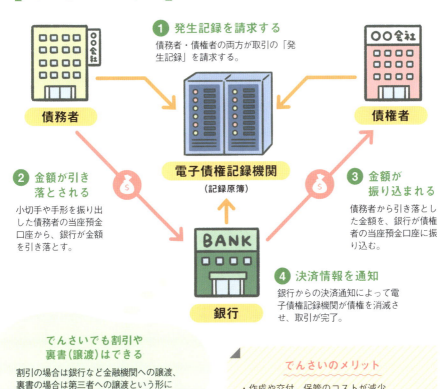

でんさいでも割引や裏書（譲渡）はできる

割引の場合は銀行など金融機関への譲渡、裏書の場合は第三者への譲渡という形になる。いずれも譲る側と譲られる側両方が譲渡記録をつける。

でんさいのメリット

・作成や交付、保管のコストが減少
・紛失・盗難の心配がない
・金額を分割して譲渡できる

【 でんさいの仕訳 】

（例）9万円の商品代金に対して、電子記録債権を発行した。

電子記録債務（＝負債）が増加したという事実を貸方に、商品を仕入れた（＝費用）からという理由を借方に入れる。

借方	貸方
仕入　90,000	電子記録債務　90,000

経費精算の基本

- ☑ 経費は会社の利益や納税額に大きく影響する
- ☑ インボイス制度（P126～）開始後、領収書の保存が厳しくなった
- ☑ 領収書受取時に税率区分やインボイス登録番号の記載を必ずチェック

「経費」とは会社が経済活動を行うための費用のこと。「一般管理費」と「販売費」があり、損益計算書（P208～）では「販売費及び一般管理費」と示されます。経費には多くの種類があり、会社独自の勘定科目を設定することもあります。

経費は、会社の利益や納税額に大きく影響します。また、不正な経費請求は、会社のモラルの崩壊につながる危険性もあります。経理担当者は、経費として認められるかどうかを的確に判断し、不正請求には毅然と対応してください。

主な経費の分類

経費は一般管理費と販売費に分類できる。

月ごとであまり変動しない

一般管理費

会社の維持や管理活動にともなって発生する費用。家賃など、月ごとの変動が少ない固定費が多い。

- ・給与手当
- ・地代家賃
- ・法定福利費
- ・賃借料
- ・水道光熱費
- ・リース料
- ・会議費
- ・車両費
- ・修繕費
- など

月ごとに変動しやすい

販売費

商品の販売にともなって発生した費用のこと。月によって金額が変動することが多い。

- ・広告宣伝費
- ・販売手数料
- ・販売促進費
- ・交際費
- ・荷造運賃
- など

商品の仕入などの費用は、経費ではなく売上原価（P144～）として経費とは区別します。

受け取った領収書のチェック項目

小口現金での精算時や、月ごとに従業員から提出される立替金精算書（P87）に添付のものなど、領収書を受け取るときは、記載事項に漏れがないか確認。

②金額
③の但し書きと照合し、妥当な金額かチェック。

①宛先
自社の名前が正しく記入されているか。「上様」や空欄は基本的に認められない。

③但し書き
何の代金なのか不明瞭な場合は、領収書の提出者に確認する。

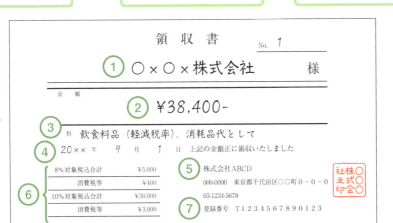

④発行年月日

⑤発行元の会社名

⑥税率区分
消費税率が混在している場合、消費税額が8％と10％で区分して記載されているか確認。

⑦インボイス登録番号
インボイス登録番号の記載がないと、仕入税額控除（P126〜）が受けられなくなる。

第3章 現金・預金管理と経費精算

経費 or プライベート支出の見極め

経費として計上してよいか迷うものは、以下を基準に判断します。経費の申請者に直接質問するのもよいでしょう。判断が難しい場合は、日頃つき合いのある会計事務所に相談しても。

 仕事がなければ買わない？ → Yes → **経費**　業務関連性があるので、経費。

 仕事がなくても買う？ → Yes → **プライベート**　業務関連性がないので、プライベート支出。

知識　毎日　適宜　**毎月**　毎年

立替金の精算

- ☑ 従業員が一時的に代わりに支払った経費を立替金という
- ☑ 1か月ごとに精算する会社が多い
- ☑ 「立替金精算書」を領収書類と一緒に提出してもらう

　交通費や打ち合わせの飲食代など、従業員の立替経費は月ごとに精算するのが一般的です。**社内で定めた「立替金精算書」と領収書などを提出してもらい、支払額を確定**します。曖昧な但し書きは必ず本人に確認しましょう。立替経費は月次決算（P142～）に盛り込まなければならないので、スケジュールを周知し、期日を守ってもらうことも大切です。

　立替経費は現金支払の会社もありますが、**給与と一緒に振込にしたほうが、経理担当者の負担は軽減できます。**

立替金精算のスケジュール例

精算期間に特に決まりはありませんが、1か月ごとに精算するのが一般的です。

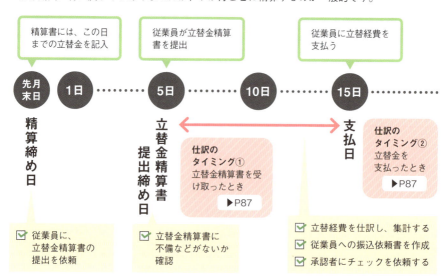

- 先月末日：**精算締め日** — 精算書には、この日までの立替金を記入 / ☑ 従業員に、立替金精算書の提出を依頼
- 1日
- 5日：**立替金精算書提出締め日** — 従業員が立替金精算書を提出 / 仕訳のタイミング① 立替金精算書を受け取ったとき ▶P87 / ☑ 立替金精算書に不備などがないか確認
- 10日
- 15日：**支払日** — 従業員に立替経費を支払う / 仕訳のタイミング② 立替金を支払ったとき ▶P87 / ☑ 立替経費を仕訳し、集計する / ☑ 従業員への振込依頼書を作成 / ☑ 承認者にチェックを依頼する

立替金精算書

【 チェック項目 】

Check 1 添付された領収書類と、金額や内容が一致しているか。

Check 2 申請者本人と、承認者の印鑑が押されているかどうか。

一緒に提出してもらう書類

必ず提出

領収書類
領収書があるものは、立替金精算書に添付して提出してもらう。領収書のチェック項目は P85。

特定の経費専用の書類

交通費精算書 など
領収書が出ないが使用頻度の高い経費は、専用の精算書を作成し、金額や摘要を記入させるとよい。

領収書のない経費は

出金伝票 など
冠婚葬祭で使った費用など、領収書が発行されない経費は、出金伝票（P70）などにまとめてもらう。

【 仕訳 】

タイミング❶ 立替金精算書を受け取ったとき

（例）従業員 A さんの経費（内訳：旅費交通費 800 円、会議費 5,000 円）

未払金（＝負債）が増加したという事実を貸方、旅費交通費と会議費（＝費用）を支払ったからという理由を借方に入れる。

借方		貸方	
旅費交通費	800	未払金	5,800
会議費	5,000		

タイミング❷ 従業員に立替金を支払ったとき

（例）会社の口座から、従業員 A さんの口座へ立替金を振り込んだ。

普通預金（＝資産）が減少したという事実を貸方、未払金（＝負債）を支払ったからという理由を借方に。

借方		貸方	
未払金	5,800	普通預金	5,800

第3章　現金・預金管理と経費精算

知識 毎日 適宜 **毎月** 毎年

仮払金の支払と精算

- ☑ 大きい額の経費が発生する見込みがあれば、仮払金を従業員に支給する
- ☑ 申請時に「仮払金申請書」、精算時に「仮払金精算書」を提出させる
- ☑ 業務終了後はすみやかに精算するよう従業員に周知する

　飛行機や新幹線を使う出張費用や大きな接待など、従業員の立替額が大きくなりそうな場合は、**あらかじめ必要経費を概算して「仮払金」を支払う**ことがあります。

　社内ルールにのっとって、仮払金申請書を提出してもらい、経理が仮払金を支給します。出張などの業務が終了したら、すみやかに仮払金精算書、領収書、残った差額を経理に提出してもらってください。月末には未精算の仮払金がないかを必ず確認し、精算しておきましょう。

仮払金支払と精算の流れ

申請時

仮払金申請書を受理
「仮払金申請書」の金額や内容をチェック。また、申請者の上司などの承認があるかも確認。

仮払金を支給
申請された金額を従業員に支給する。そのとき、受領印やサインを忘れずにもらう。

仕訳のタイミング❶
仮払金を支払ったとき (P89)

精算時

仮払金精算書を受理
領収書類とともに「仮払金精算書」を提出してもらい、適切な金額か確認する。

差額を精算
余った仮払金を返却してもらう。金額が足りなかったときは、追加で支給する。

仕訳のタイミング❷
差額の精算をしたとき (P89)

仮払金申請書・精算書

【チェック項目】

Check 1
現金で支給した場合、申請書に必ず本人の受領印やサインをもらう。

Check 2
精算書に記載の金額や内容が、添付の領収書類と一致するか確かめる。

Check 3
領収書と精算書の該当箇所に同じ番号を振って提出してもらうとよい。

【仕訳】

タイミング❶ 仮払金を支払ったとき

(例) 3万円の仮払金を現金で支給した。

仮払金（＝資産）の増加を借方に入れ、現金（＝資産）の減少を貸方に入れる。

借方	貸方
仮払金　30,000	現金　30,000

タイミング❷ 差額の精算をしたとき

(例) 実際の経費は旅費交通費2万7,000円で、従業員から3,000円の返却を受けた。

旅費交通費（＝費用）と現金（＝資産）の増加を借方に入れ、仮払金（＝資産）の減少を貸方に入れる。

借方	貸方
旅費交通費　27,000	仮払金　30,000
現金　　　　 3,000	

主な経費の仕訳や注意点

事務用品費

　事務用品の購入費用は、一般に消耗品費で管理できますが、会社によっては「事務用品費」で管理することもあります。**消耗品費との明確な区別はないので、社内で適宜決めればOK**。ただし、一度決めたら、同じものを消耗品費に仕訳しないように注意してください。

具体的には

ノート、コピー用紙、封筒、便箋、筆記用具、消しゴム、修正液、のり、はさみ、テープ、カッターナイフ、定規、クリップ、ホチキス、ファイル、バインダー、印鑑、朱肉、穴あけパンチ、電卓、請求書用紙、領収書用紙、小切手帳、名刺、プリンターのインクやトナー、USBメモリなど。

【仕訳】

（例）クリアファイルを4,000円分購入し、代金は口座引き落としとした。

普通預金（＝資産）が減少したという事実を貸方に、事務用品費（＝費用）が増加したからという理由を借方に入れる。

借方	貸方
事務用品費　4,000	普通預金　4,000

（例）期末に3万円分残っていた会社の封筒を、貯蔵品に振り替えた。

貯蔵品（＝資産）が増えたという事実を借方に入れ、事務用品費（＝費用）を使用していないからという理由を貸方に入れる。

借方	貸方
貯蔵品　30,000	事務用品費　30,000

● 決算時、未使用分を **貯蔵品(P45)** に振り替える

　事務用品はまとめ買いすることも多いもの。もし期末になっても、未使用の事務用品が大量に余っている場合は、会社の「資産」と見なされる。資産グループの勘定科目である「貯蔵品」に振り替える処理を行う。

1年間の課税売上高が1億円以下の会社は

前々事業年度の課税売上高が1億円以下の法人など＊は、1万円未満の取引のインボイスの保存が免除される（少額特例：P128）。令和11年9月30日までの期間が適用対象期間。

＊前事業年度開始から6か月間の課税売上高が5千万円以下の法人なども少額特例の対象。

消耗品費

「取得価額が10万円未満のもの」もしくは「耐用年数が1年未満のもの」は「消耗品費」として処理します。固定資産（下記）や雑費（P104）との違いを理解し、混同しないようにしましょう。まとめ買いをして余ったものは、期末に貯蔵品に振り替えます。

具体的には

ティッシュペーパー、トイレットペーパー、タオル、ゴミ袋、石鹸・洗剤、電球・蛍光灯、社内用のお茶やコーヒー、電子レンジ、電気ポット、加湿器、乾電池、キャビネット、机、イス、掃除機、台車、自転車、携帯電話、消火器、インテリア雑貨、工具箱、ソフトウェアなど。

【 仕訳 】

(例) 営業部共用の自転車2万5,000円を口座引き落としで支払った。

普通預金（＝資産）が減少したという事実を貸方に、消耗品費（＝費用）が増加したからという理由を借方に入れる。

借方	貸方
消耗品費　25,000	普通預金　25,000

 Attention

● 金額が大きいものは 固定資産（P49、138～）として計上する

耐用年数が1年以上で取得価額10万円以上のものは固定資産として「工具器具備品」で仕訳し、決算時は減価償却費（P198～）を計上する。机とイスなどセットでなければ使えないものは、セットの取得価額で判断。

取得価額10万円以上かつ1年以上使用できる → **工具器具備品**（固定資産になる）

取得価額10万円未満もしくは1年以上使用できない → **消耗品費**（固定資産にならない）

中小企業に限り、30万円未満の固定資産を経費にできる特例制度があります（P140）。

※固定資産の詳細については、4章P138～で詳しく解説しています。

主な経費の仕訳や注意点

通勤交通費・旅費交通費

会社への通勤や取引先に向かう電車代、出張時の航空券代など、業務上の移動にかかる交通費です。**課税の仕方が異なるので、通勤にかかる交通費は「通勤交通費（通勤費）」という勘定科目を設けて管理するとよい**でしょう。なお出張時の宿泊代や出張手当もここに含まれます。

> **具体的には**
>
> 電車代、バス代、タクシー代、ガソリン代、レンタカー代、駐車場代、高速道路・有料道路料金、船賃、航空券、空港使用料、定期券、回数券、海外出張費、出張手当、転勤旅費など。

【 仕訳 】

（例）電車を利用して通勤する従業員の、1か月分の定期代1万9,000円を従業員の口座に振り込んだ。

普通預金（＝資産）が減少したという事実を貸方に、通勤交通費（＝費用）を支払ったからという理由を借方に入れる。

借方	貸方
通勤交通費　19,000	普通預金　19,000

（例）車通勤をしている従業員に、1か月分の通勤手当として2万円を現金で支給した。

現金（＝資産）が減少したという事実を貸方に入れ、通勤交通費（＝費用）を支給したからという理由を借方に入れる。

借方	貸方
通勤交通費　20,000	現金　20,000

（例）出張にかかった交通費と宿泊費（東京・名古屋間の往復新幹線代2万2,000円＋ビジネスホテル宿泊費6,000円）を従業員の口座に振り込んだ。

普通預金（＝資産）が減少したという事実を貸方に、旅費交通費（＝費用）を支給したからという理由を借方に入れる。

借方	貸方
旅費交通費　28,000	普通預金　28,000

通勤交通費は非課税限度額が決まっている

通勤交通費には、公共交通機関の通勤定期券の現物支給や自動車・バイク通勤する人への現金支給がある。いずれも出勤に必要な実費としての支給なので、一定の範囲内であれば給与扱いにはならず所得税はかからない。

1か月の通勤交通費が下記の非課税限度額を超えた分は、所得税の対象となる。細かく区分けされているので注意しよう。

《1か月あたりの通勤交通費における非課税限度額》

区分		非課税限度額
Case 1　交通機関を利用している人		150,000円
Case 2　自動車や自転車など交通用具を使用している人	通勤距離（片道） 55km 以上	31,600円
	45km 以上 55km 未満	28,000円
	35km 以上 45km 未満	24,400円
	25km 以上 35km 未満	18,700円
	15km 以上 25km 未満	12,900円
	10km 以上 15km 未満	7,100円
	2km 以上 10km 未満	4,200円
	2km 未満	全額課税
Case 3　交通機関の利用のほか、交通用具も使用している人		Case 1 と Case 2 の金額の合計額*

＊ただし、1か月あたり15万円が限度。
※参考資料：国税庁ホームページ　https://www.nta.go.jp/users/gensen/tsukin/index2.htm

3万円未満の公共交通機関なら、インボイスは不要

インボイス制度（P126～）により、インボイスの発行・保存が必須に。ただし、公共交通機関の運賃で、1回あたりの支払が3万円未満なら、インボイスの保存は免除される。帳簿に「3万円未満の鉄道料金」などと明記しておこう。

公共交通機関
電車、バス、船舶（特急・急行料金や寝台料金を含む）など

公共交通機関でない
タクシー、飛行機、高速道路　など

主な経費の仕訳や注意点

交際費

取引先や仕入先との関係をよくするために使った費用です。土産代や接待飲食代、お歳暮やお中元などさまざまなものが含まれます。ただ、**法人税法では会社の規模によって交際費の限度額が決められており、すべてが経費（損金）(P212)として認められるわけではありません。**

具体的には

接待食事代、接待時の送迎交通費、取引先との宴会費用、取引先への手土産代、接待ゴルフのプレー料金、お中元、お歳暮、開店祝いのお花代、事務所移転祝い、贈答用の商品券、取引先への慶弔見舞金や電報料金、取引先との親睦旅行代、取引先の観劇・イベント招待費など。

 Attention

● 1万円以下の飲食費なら交際費から除外できる

従来、社外の人を含む飲食代については、決められた範囲内なら「交際費」ではなく「会議費」として処理できる。
令和6年4月1日以降支出分からこの範囲が広がり、1人あたり1万円以下なら会議費にすることが認められた。

《交際費1万円基準》

1人あたり
1万円以下なら
▼
会議費に
してよい

1人あたり
1万円超なら
▼
会議費に
できない

● 中小企業は、一定額までなら交際費を損金にできる

法人税法上、交際費は原則として経費（損金）と認められず、法人税の計算で差し引けない。ただし、中小企業（資本金または出資金が1億円以下）は一定の金額までの交際費を損金とすることが特例的に認められている。
右の2つのうち、いずれか有利なほうを選んで適用できる（令和9年3月31日まで）。

《 損金不算入額は、いずれか有利なほうを選べる 》

1 交際費のうち、取引先との飲食費の50％

2 定額控除限度額を超える部分の金額
⇒ 計算式：800万円×（事業年度）÷12

※ P94-95 Attention の内容は、2025年2月現在の情報に基づき作成しています。
　以降、情報が更新されている場合があるので、国税庁のホームページなどを確認してください。

会議費

会議や打ち合わせにかかる費用です。出席者は従業員でも取引先でもかまいませんが、単なる飲食ではなく、会議や打ち合わせの実態があることがポイントです。**飲酒を含むような高額な食事代で会議の実態がない場合は、会議費と認められません。**

具体的には

会議での茶菓子代・お茶・コーヒー代、会議での弁当代・食事代、取引先との打ち合わせで使った喫茶店代、会議室使用料、会場使用料、会議の通知費用、プロジェクターやマイクなどの機材使用料など。

第3章 現金・預金管理と経費精算

税抜方式の会社

● 免税事業者である飲食店との取引は "交際費1万円基準" に注意！

P94の「交際費1万円基準」に消費税額を含めるかどうかは、会社が採用している処理方式（P125）による。税抜方式なら税抜価格で、税込方式なら税込価格で判断する。

ただ、税抜方式の会社は、免税事業者である飲食店との取引時に注意。仕入税額控除（P126）できなかった消費税額分は、価格に含めて判断しなければならない。

消費税　1,000円

本体価格　10,000円

免税事業者との取引の場合
10,000円＋
仕入税額控除
できなかった消費税
▼
会議費にできない

本体価格に仕入税額控除できなかった消費税額を含めた価格で判断。会議費にできない。

課税事業者との取引の場合
10,000円
▼
会議費にしてよい

本体価格で判断する。10,000円以下なので、会議費にできる。

主な経費の仕訳や注意点

【 交際費の仕訳 】

（例）従業員個人のカードで支払った接待費6万円を、立替経費として計上した。

未払金（＝負債）が増加したという事実を貸方に入れ、交際費（＝費用）が増加したからという理由を借方に入れる。

借方	貸方
交際費　60,000	未払金　60,000

（例）得意先へのお歳暮代2万5,000円を口座引き落としで支払った。

普通預金（＝資産）が減少したという事実を貸方に入れ、交際費（＝費用）が増加したからという理由を借方に入れる。

借方	貸方
交際費　25,000	普通預金　25,000

【 会議費の仕訳 】

（例）社内会議用の弁当・お茶代1万5,000円を現金で支払った。

現金（＝資産）が減少したという事実を貸方に、会議費（＝費用）が増加したからという理由を借方に入れる。

借方	貸方
会議費　15,000	現金　15,000

（例）取引先との打ち合わせで使用した喫茶店での飲食代4,500円を現金で支払った。

現金（＝資産）が減少したという事実を貸方に、会議費（＝費用）が増加したからという理由を借方に入れる。

借方	貸方
会議費　4,500	現金　4,500

（例）社内コンペの会場代と機器の貸出費5万円を普通預金口座から振り込んだ。

普通預金（＝資産）が減少したという事実を貸方に入れ、会議費（＝費用）が増加したからという理由を借方に入れる。

借方	貸方
会議費　50,000	普通預金　50,000

賃借料・リース料

賃借料は、PCやコピー機など、レンタル会社の所有物を借りたときにかかる費用です。**土地や建物の賃料は「地代家賃（P101）」として計上するのが一般的です**。借りたいものをリース会社に購入してもらって借りる「リース契約」の場合は「リース料」として計上してください。

> **具体的には**
>
> 機械・工具賃借料、什器賃借料、OA機器賃借料、イベント機材レンタル料、絵画や観葉植物のレンタル料、販売スペース使用料、会議室の使用料、ユニフォームレンタル料、貸金庫料、レンタカー代、オンラインソフトのレンタル料など。

【仕訳】

（例）販売促進のイベントで使用する、着ぐるみのレンタル代金3万円を現金で支払った。

現金（＝資産）が減少したという事実を貸方に入れ、賃借料（＝費用）を支払ったからという理由を借方に入れる。

借方	貸方
賃借料　30,000	現金　30,000

（例）今月分のコピー機のリース料7万円が普通預金口座から引き落とされた。

普通預金（＝資産）が減少したという事実を貸方に入れ、リース料（＝費用）を支払ったからという理由を借方に入れる。

借方	貸方
リース料　70,000	普通預金　70,000

 Attention!

● **リース契約の内容によっては、すぐに経費計上できないことも**

リース契約のうち「中途解約禁止かつリース物件の購入価額＋付随費用がリース料の90％以上となる」取引などを「ファイナンス・リース」という。この場合は資産購入と同じとされ、減価償却（P198〜）を行うのが原則。ただし、中小企業は資産計上せず、リース料で経費計上する簡便処理が認められる場合がある。

> リース料と賃借料をまとめる会社もあります。

---- 主な経費の仕訳や注意点 ----

福利厚生費

会社が任意で従業員に提供する物品やサービスの費用で「法定外福利厚生費」ともいいます。**全従業員が支給対象で、常識的な金額であることが条件です。**「法定福利費」は法的に義務付けられた福利費で、会社負担分の保険料が該当します。

具体的には
会社内のお茶・コーヒー代、慶弔見舞金、忘年会費、慰安食事代、残業時食事代、健康診断の費用、常備薬などの医薬品費、予防接種、会社内の清掃料金、社宅寮費、保養施設費、社員食堂代、社内宛の祝電・お悔やみ電報料金、研修費、教育訓練費など。

特定従業員のみの福利費は給与として課税対象になることもあるので注意。

【仕訳】

（例）口座支払した忘年会費25万円。

普通預金（＝資産）が減少した事実を貸方に、福利厚生費（＝費用）が増加したからという理由を借方に入れる。

借方	貸方
福利厚生費　250,000	普通預金　250,000

通信費

業務上で発生する通信や連絡にかかる費用です。電話代や郵便料金のほか、オフィスや店舗にあるテレビのNHK受信料、有線放送の利用料も通信費です。**広告・宣伝を目的としたダイレクトメールの発送料金は「広告宣伝費」で仕訳します。**

具体的には
固定電話・携帯電話の通話料・通信料、インターネット料金、プロバイダ料金、ドメイン使用量、テレビ・有線放送料金、郵送料金、切手代、内容証明料など。

【仕訳】

（例）営業担当者の1か月分の社用携帯料金1万5,000円を普通預金口座から支払った。

普通預金（＝資産）が減少した事実を貸方に、通信費（＝費用）が増加したからという理由を借方に入れる。

借方	貸方
通信費　15,000	普通預金　15,000

租税公課

税金のなかには、経費として計上できるものがあります。また、公共団体に納める会費なども、経費として認められます。これらを処理する勘定科目が「租税公課」です。ただし **「法人税、住民税、事業税」は「法人税等」で仕訳してください。**

具体的には

印紙税、固定資産税、自動車税、自動車取得税、都市計画税、法人事業税、不動産取得税、登録免許税、商工会議所・商工会・協同組合・同業者組合・商店会などの会費、組合費または賦課金、罰金や懲罰的な税金（高速反則金、駐車違反のレッカー代、延滞金、延滞税、重加算税、過少申告加算税、印紙税の過怠税など）、住民票発行手数料、印鑑証明書発行手数料、車庫証明手数料、戸籍証明書発行手数料、パスポート発行手数料など。

【 仕訳 】

（例）自動車税12万円を普通預金口座から支払った。

普通預金（＝資産）が減少したという事実を貸方に、租税公課（＝費用）が増加したからという理由を借方に入れる。

借方	貸方
租税公課　120,000	普通預金　120,000

（例）不使用の収入印紙3万円分を期末に貯蔵品に振り替えた。

貯蔵品（＝資産）が増加したという事実を借方に、租税公課（＝費用）を使用しなかったからという理由を貸方に入れる。

借方	貸方
貯蔵品　30,000	租税公課　30,000

 Attention

● 罰金は経費として認められない

交通違反や延滞などに対する罰金や税金も、いったん租税公課で処理する。しかし、事業活動に必要なお金ではないため、法人税を計算する際には経費（損金）として認められない。申告書作成時に加算調整が必要。

> 罰金は他の租税公課と区別するため、雑損失（P54）として計上することもあります。

第3章　現金・預金管理と経費精算

- - - 主な経費の仕訳や注意点 - - -

修繕費

会社の所有する建物や車両、機械などの有形固定資産（P138～）の修繕・メンテナンスにかかる費用は「修繕費」として処理します。**「新たに購入したもので価額が10万円未満」や「業者の修理・メンテナンスサービスをともなわない」場合は、消耗品費で計上**してください。

具体的には

事業所や機械、備品、車両の修理・メンテナンス費用、維持管理費用、OA機器保守費用、コピー機修理、キッチン修理、壁塗り替え費用、床張り替え費用、制服の直し、定期点検費、保守点検、部品の取り換え費用、車検整備費用、移設費、解体費など。

【仕訳】

（例）コピー機の定期メンテナンス代1万円を普通預金口座から支払った。

普通預金（＝資産）が減少したという事実を貸方に入れ、修繕費（＝費用）が増加したからという理由を借方に入れる。

借方	貸方
修繕費　10,000	普通預金　10,000

（例）台風で壊れた店舗の屋根の修繕費用2万円を修理業者に現金で支払った。

現金（＝資産）が減少したという事実を貸方に入れ、修繕費（＝費用）が増加したからという理由を借方に入れる。

借方	貸方
修繕費　20,000	現金　20,000

⚠ Attention

● 3つのチェックを満たせば資本的支出に

修繕費に該当するのは、「原状回復・機能維持」を目的としたもの。

一方、修繕・メンテナンスで、性能が上がったり耐用可能年数が延びたりしたような場合は、「資本的支出」となる。「機械装置」や「建物」で仕訳し、耐用年数によって減価償却をしていく。

❶ ☑ 20万円超、または工事周期が3年サイクル超
　　↓
❷ ☑ 性能が上がったり、使用期間が延びたりしている
　　↓
❸ ☑ 60万円超、もしくは前年度末取得価額*の10％超

資本的支出

＊当初の固定資産の取得価額（P140）に、前期末までの資本的支出を合計した価格のこと。P139 表⑧の帳簿価額とは異なるので注意。

地代家賃

事務所やオフィス、店舗、倉庫や駐車場などの賃料のこと。**管理費や共益費のほか、20万円未満の礼金・更新料・敷金（返還されないもの）も地代家賃で処理できます**。なお、不動産会社への仲介手数料は「支払手数料」で仕訳します。

> **具体的には**
> 事務所や店舗、倉庫の家賃、管理費・共益費、レンタルスペースなどの料金、倉庫やトランクルームの賃借料、月極駐車場の賃借料、土地の賃借料、20万円未満の礼金・更新料・敷金（返還されないもの）など。

【仕訳】

（例）事務所の1か月分の家賃20万円を普通預金口座から支払った。

普通預金（＝資産）が減少したという事実を貸方に入れ、地代家賃（＝費用）が増加したからという理由を借方に入れる。

借方	貸方
地代家賃　200,000	普通預金　200,000

新聞図書費

業務上、必要な新聞や書籍、雑誌の購入にかかった費用で、会社が任意に設定する勘定科目です。

なお、百科事典やシリーズの書籍など1セット10万円以上のものは、「工具器具備品」で固定資産に計上します。

> **具体的には**
> 新聞購読料、定期刊行物購読料、雑誌代、書籍代、電子書籍代、業界紙購読料、官報購入代、地図代、統計資料代、図書カード、有料サイト利用料金、データベース利用料など。

【仕訳】

（例）会社で定期購読している経済新聞の代金5,000円を現金で支払った。

現金（＝資産）が減少したという事実を貸方に入れ、新聞図書費（＝費用）が増加したからという理由を借方に入れる。

借方	貸方
新聞図書費　5,000	現金　5,000

主な経費の仕訳や注意点

車両費

ガソリン代や高速料金などは「**旅費交通費**」でも処理できますが、業務上、車移動が多い会社なら、車両の使用や維持管理にかかる費用を「車両費」でまとめておくと管理しやすいでしょう。一度決めたら、同じ仕訳を継続するようにします。

具体的には

ガソリン代、ETC料金、車両修理代、車両整備代、洗車代、検査登録費用、車庫証明手続代行費用、車検費用、オイル交換代、自動車保険料、自動車税など。

【仕訳】

（例）社用車のガソリン代金 4,000 円を現金で支払った。

現金（＝資産）が減少した事実を貸方に、車両費（＝費用）を支払ったからという理由を借方に入れる。

借方	貸方
車両費　4,000	現金　4,000

支払保険料

会社が任意で加入している保険の料金をまとめて管理する勘定科目です。ただし「支払保険料」で経費計上できるのは、原則、保険の掛け捨て部分のみです。**積立部分の保険料は「保険積立金」として資産計上します。**

具体的には

損害保険料、火災保険料、地震保険料、自動車保険料、自賠責保険料、盗難保険料、海上保険料、生産物賠償責任保険料、生命保険料、養老保険料、定期保険料、共済掛け金、医療保険料など。

来期以降分をまとめて支払った際は前払費用(P45)で処理しよう。

【仕訳】

（例）火災保険料 5 万円を口座支払した。

普通預金（＝資産）が減少した事実を貸方に、支払保険料（＝費用）が増加したからという理由を借方に。

借方	貸方
支払保険料　50,000	普通預金　50,000

102

広告宣伝費

不特定多数の人に向けて、自社の商品やサービスを宣伝するためにかかる費用です。**特定の人を対象とした場合は、「交際費」で処理**します。また、**10万円以上の看板や広告塔は固定資産として計上し、減価償却をしていきます**。

具体的には
チラシ、リーフレット、会社案内、パンフレット、ダイレクトメールの制作・発送、ホームページ制作、広告看板、CM、雑誌などへの広告物の制作・出稿料、求人広告、見本品、試供品、社名入りグッズ制作など。

ほかにも、会社設立時にかかる宣伝費用は「開業費」となります。

【仕訳】

（例）チラシ制作代9万円を口座支払した。

普通預金（＝資産）が減少した事実を貸方に、広告宣伝費（＝費用）が増加したからという理由を借方に。

借方	貸方
広告宣伝費　90,000	普通預金　90,000

荷造運賃

商品の梱包や発送にかかる費用で、商品を発送する側が支払うものです。**仕入側が商品の運賃を支払った場合は、荷造運賃ではなく、「仕入」で処理するのが原則**。また、書類など、商品以外の発送料は「通信費」として区別してください。

具体的には
ダンボール箱、木箱、ポリ袋、包装紙、緩衝材、ガムテープ、のり、ひも、結束バンド、ゆうパック、ゆうメール、レターパック、書留、宅配便、トラック・鉄道・船舶・航空などの輸送運賃費など。

【仕訳】

（例）商品の配送料3万円を配送業者に支払った。

現金（＝資産）が減少したという事実を貸方に、荷造運賃（＝費用）が増加したからという理由を借方に。

借方	貸方
荷造運賃　30,000	現金　30,000

> 主な経費の仕訳や注意点

【 その他の勘定科目 】

 諸会費　会社の業務上、加入している業界団体や組合、商工会などの会費。

（例）商工会議所の会費1万5,000円を現金で支払った。

現金（＝資産）が減少したという事実を貸方に入れ、諸会費（＝費用）が増加したからという理由を借方に入れる。

借方	貸方
諸会費　15,000	現金　15,000

 **寄附金**　会社の事業に直接関係のない団体に金品を譲渡するもの。何らかの見返りがあれば「広告宣伝費（P103）や交際費（P94）」となる。

（例）社会福祉法人に5万円を現金で寄附した。

現金（＝資産）が減少したという事実を貸方に、寄附金（＝費用）が増加したからという理由を借方に入れる。

借方	貸方
寄附金　50,000	現金　50,000

 **支払手数料**　振込手数料や為替手数料、クレジットカード売上手数料、加盟店手数料など。税理士などの専門家への報酬をここに含むことも。

（例）銀行への振込手数料300円が普通預金口座から引き落とされた。

普通預金（＝資産）が減少したという事実を貸方に、支払手数料（＝費用）が増加したからという理由を借方に。

借方	貸方
支払手数料　300	普通預金　300

 **雑費**　ほかに当てはまる勘定科目がない費用は「雑費」で処理する。少額で頻度が高くなければOK。

（例）パーティ会場のキャンセル費用1万円を現金で支払った。

現金（＝資産）が減少したという事実を貸方に、雑費（＝費用）を支払ったからという理由を借方に入れる。

借方	貸方
雑費　10,000	現金　10,000

要チェック！
税率8％と10％は区別して記録する

2019年10月に消費税（P124～）が8％から10％に引き上げられました。同時に軽減税率が導入され、一部には8％の税率が適用されます。そのため、取引ごとに「①消費税課税対象か、②軽減税率の適用か」を確認し、区別して記録しなければなりません。仕訳には、消費税を売上高や仕入高に含めて記録する「税込方式」と、消費税分を「仮払消費税」や「仮受消費税」などの勘定科目を使って記録する「税抜方式」があります。近年は、会計ソフトにより税別処理も手間なくできるようになりました。

【 軽減税率（8％）のもの 】

軽減税率の対象は、飲食料品と週2回以上発行の定期購読契約の新聞。ただし、飲食料品のなかでも酒類、外食、ケータリングなどは軽減税率対象外（消費税率10％）。テイクアウト・宅配などは軽減税率の対象となる（消費税率8％）。

【 税込方式・税別方式による仕訳の違い 】

（例） コンビニエンスストアで、打ち合わせ用のお弁当（本体価格3,000円）と、会社の備品の蛍光マーカー（本体価格300円）を現金で購入した。

税込方式

それぞれ税込価格で記録する。軽減税率の項目には※や★などの印をつけておく。

借方	貸方	
会議費　3,240	現金　3,240	※
事務用品費　330	現金　330	

税抜方式

本体価格と消費税を分けて記録。「仮払消費税」の勘定科目を使う。

借方	貸方
会議費　　　3,000　　仮払消費税　240	現金　3,240
事務用品費　300　　仮払消費税　　30	現金　330

第3章　現金・預金管理と経費精算

知識 毎日 **適宜** 毎月 毎年

記帳ミスや現金・預金過不足時の対処法

- ☑ 実際の残高と帳簿の不一致はできるだけその日に解決する
- ☑ 現金残高の過不足は一時的に「現金過不足」で調整する
- ☑ 預金残高の過不足は仕訳ミスの有無を確認してみる

　経理担当者は、細心の注意を払って業務にあたらなければなりません。1日の終わりには、必ず現金残高や預金残高と帳簿をつき合わせます。もし、**残高と帳簿が合わない場合は、その日のうちに落ち着いて原因を確かめてください**。例えば、現金の過不足なら、領収書の記帳漏れや現金の受け渡しのミスなどが考えられます。頻繁に帳簿との不一致が発生する場合は、業務フロー(業務プロセスの流れ)に問題があります。業務フローを確認し、改善していきましょう。

仕訳を間違えたとき

間違った仕訳を取り消すためには、本来逆仕訳と正しい仕訳の2つを行う必要がある。ただ、借方と貸方が同じものを相殺し1つの仕訳にまとめると1回で済むので効率的。

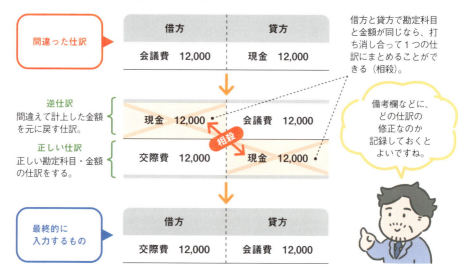

現金の過不足があるとき

実際の現金残高と帳簿を合わせるため「現金過不足」という一時的な勘定科目で処理する。現金が実際より多いときは貸方へ、少ないときは借方へ入れる。決算までに判明しなければ「雑損失」や「雑収入」で処理。

（例）現金が帳簿より500円少なかった。

借方	貸方
現金過不足　500	現金　500

決算までにわかったとき

借方	貸方
消耗品費　500	現金過不足　500

決算までにわからなかったとき

借方	貸方
雑損失　500	現金過不足　500

預金の過不足があるとき

実際の口座預金残高と帳簿が合わないときは、仕訳ミスや金額の打ち間違いが原因のことが多い。まず、自分でできる範囲でチェックしてみる。

☑ **仕訳していない取引がある？**
（例）領収書・請求書の出し忘れなど

\\ チェック方法 //
証憑類を確認し、仕訳していないものがないか、金額を間違って入力していないかなどを確認する。

☑ **勘定科目の借方・貸方を逆に仕訳した？**

\\ チェック方法 //
借方・貸方を逆に仕訳していると、集計時の±が逆になり、合計金額が合わなくなる。「合わない金額÷2」で算出した金額の取引を探して、借方・貸方を確認する。

☑ **桁の数を間違えた？**
（例）50,000円を5,000円と仕訳した

\\ チェック方法 //
合わない金額が9で割り切れる場合、桁を間違えている可能性が。合わない金額が6534円の場合、9で割った「726円」、または「7260円」の取引の桁を確認する。

☑ **位を入れ替えてしまった？**
（例）526円を562円と仕訳した

\\ チェック方法 //
位を入れ替えてしまった場合も、合わない金額は常に9で割り切れる。割り切れた数が9以下なら「1と10の位」、10以上99以下なら「10と100の位」、100以上999以下なら「100と1000の位」の入れ替えを確認する。

章末 Column

インターネットバンキングの活用法

さまざまな銀行取引がオンラインでできるインターネットバンキング。
スマホやPCがあればどこでも利用可能。

インターネットバンキングのメリット

3大メリット

1 銀行へ行かなくても手続きができる

2 手数料が安い

3 利用可能時間が長い

【 インターネットバンキングの便利な機能 】

すでにインターネットバンキングを利用している企業も、サービスをより使いこなして業務効率を高めよう。

会計ソフトとの連携で振込情報を自動で反映

会計ソフトとインターネットバンキングを連携すると、取引データが自動で記録される。担当者が手作業で仕訳をすることがなくなることにより、時間短縮や人為的ミスの削減が期待できる。

"Pay-easy"で法人税・地方税を簡単に支払える

e-Tax(P164)を利用していれば、"Pay-easy"(ペイジー)で税金の支払いができる。支払時は e-Tax で発行された番号を入力するだけなので金額ミスがない。支払手数料もお得。

スマートフォンからの手続きも可能

金融機関によっては、スマートフォンから銀行口座の確認ができるサービスも。外出先や、休暇中の緊急時などでも口座の確認ができる。インストールは個人携帯ではなく社用携帯に。

自社が利用するインターネットバンキングのサービス一覧を確認してみよう。

インターネットバンキングは、都市銀行や地方銀行が実施するサービスの1つ。**PCやスマホさえあれば、銀行窓口やATMに赴かなくても、残高照会や振込・振替**などがどこででもできます。また、銀行窓口に比べて手数料が安く、利用時間も長めに設定されています。「どうしても当日中に振込をしたい」というケースにもすぐに対応できます。似た言葉にネット銀行があります。ネット銀行は銀行そのものがオンライン上にあり、基本的に実店舗がないという違いがあります。

セキュリティに関する注意点

インターネット利用にともなう、ウイルス感染や不正アクセスなどのリスクに十分警戒する。

 アカウント情報の記録方法や使い回しに注意

▶ IDやログインパスワード流出のおそれ

アカウントのIDやパスワードは、ほかのWebサービスで使い回しをしない。また、生年月日や電話番号などをそのままパスワードとして使うのも厳禁。控えのメモは厳重に保管を。

 アクセスは必ず正規のURLから

▶ フィッシング詐欺にあわないように気をつける

フィッシング詐欺を防ぐには、金融機関の正しいURLをブックマークしておき、毎回そこからアクセスすること。暗号化されたSSL/TLS*通信かどうかも毎回確認しておく。

 不特定多数が利用するPCからアクセスしない

▶ ウイルス感染の危険性が高い

ホテル、インターネットカフェなど、不特定多数の人が利用するPCは使わない。ウイルス感染の危険性があるので避けて。

少しでも不審な点があれば操作を中止する

▶ 正規のWebサイトに入り込むウイルスもいる

金融機関の正規サイトで取引を行っている最中にウイルスが入り込み、重要な情報を盗まれたり、送金されたりする被害も。少しでも不審な点があれば中止して、金融機関に相談を。

*SSL/TLSが採用されている場合は、アドレスバーや運営組織名が緑色の表示になり、鍵マークが表示される。

第4章 会社の利益確保にかかせない 売上・仕入

販売管理
P112～119

イレギュラーな取引・販売方法
P130～137

固定資産の管理
P138～141

取引の管理

消費税・
インボイス制度
P124〜129

購買管理
P120〜123

月次決算
P142〜147

販売管理

- 会社が商品やサービスを提供して得た儲けを「売上」という
- 掛け売りが一般的で、経理は後入金される売掛金の管理を行う
- 売掛金元帳（P115）、売掛金回収予定表（P115）を作成する

　会社の経済活動の中心は、商品やサービスを世の中に提供し、代金を受け取る「販売業務」です。商品やサービスの対価として得たお金を「売上」といいます。**会社同士の取引は「掛け（後払い）」が一般的。経理担当者が行うのは「売掛金（未回収の代金）」の管理が中心です。**

　売上を計上するのは、売買契約を交わしたときではなく、"商品やサービスが提供されたとき"と考えます。これを「実現主義」といいます。実際の仕訳のタイミングとしては、「出荷基準」「引渡基準」「検収基準」の3つがあります（右図）。

　2021年4月以降は「収益認識に関する会計基準」で定められたタイミングで売上計上をしなければなりませんが、対象となるのは上場企業などの大企業のみです。中小企業は、先述の税法で定められた基準を継続して問題ありません。

3つの側面で成り立つ販売管理

販売管理は主に3つの側面で成り立っている。経理は売掛金管理を中心に担当する。

受注管理
販売促進のための営業活動や受注の受付、受注内容の確認、出荷指示などを行う。

在庫管理
在庫の数量や状態の管理、納品手続きなどを行う。

売掛金管理
請求書の発行、売上の計上、売掛金の回収などの経理手続きを行う。

経理が主に関わる仕事

販売管理の流れと売上計上のタイミング

売上は、実際に商品やサービスが提供されたときに計上する（実現主義）。商品の出荷をしてから代金を受け取るまでの間、複数のタイミングでの売上計上が可能。

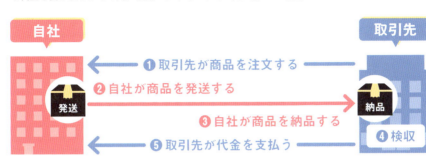

❷のタイミングで計上
出荷基準（一般的）
自社が商品を出荷したタイミングで売上を計上する。

❸のタイミングで計上
引渡基準
商品を取引先に引き渡したタイミングで売上を計上する。

❹のタイミングで計上
検収基準
取引先の検品で問題なしと判断された時点で売上を計上する。

売掛金管理の流れ

商品の受注・出荷ののちに請求書を作成・送付し自社のタイミング（上図）で売上を計上。多くの場合、掛け売りなので期日までに後払いで支払を受ける。売掛金を回収したら帳簿と売掛金回収予定表から取り消す（消込）。

翌月回収の会社が多いよ。例外の会社は特に気をつけて管理しよう。

請求書を発行する → **売上を計上する**
- 仕訳を行う ▶P114
- 売掛金元帳や売掛金回収予定表に転記する ▶P115

→ **売掛金を回収する** → **売掛金の消込を行う**
- 取引先からの入金金額と照らし合わせ、売掛金を消込 ▶P114
- 同じく、売掛金元帳や売掛金回収予定表も消込を行う ▶P115

売掛金管理の仕訳

【 売上の計上時 】

● 税込方式の場合

（例）商品を税込2万2,000円で販売し、代金は掛けとした。

売掛金（＝資産）が増加したという事実を借方に入れ、売上（＝収益）があったからという理由を貸方に入れる。

借方	貸方
売掛金　22,000	売上　22,000

● 税抜方式の場合

（例）商品を税込1万1,000円（消費税率10%）で販売した。

売掛金（＝資産）が増加したという事実を借方に、売上（＝収益）と仮受消費税（＝負債）が増加したからという理由を貸方に入れる。

借方	貸方
売掛金　11,000	売上　10,000 仮受消費税　1,000

売上の仮受消費税は売上発生時にのみ計上します。回収時には計上しません。

\\ 売掛金を取り消す消込の仕訳 //

【 売掛金の回収時 】

（例）前月販売した商品の売掛金2万2,000円が普通預金口座に振り込まれた。

普通預金（＝資産）が増加したという事実を借方に、売掛金（＝資産）を回収したからという理由を貸方に入れる。

借方	貸方
普通預金　22,000	売掛金　22,000

【 振込手数料を自社で負担する場合 】

（例）売掛金1万1,000円の入金時に、口座振込手数料が差し引かれていた。

普通預金（＝資産）と支払手数料（＝費用）が増加した事実を借方に、売掛金（＝資産）を回収したからという理由を貸方に入れる。

借方	貸方
普通預金　10,600 支払手数料　400	売掛金　11,000

売掛金元帳の記入

売掛金元帳とは、取引先ごとに売掛金の発生と回収を記録した帳簿。得意先元帳ともいう。取引先別に売掛金の回収状況を確認するのに役立つ。

- 売掛金を計上した日付や回収した日付を記入する。
- 売掛金を計上したら借方、回収したら貸方に。
- 取引後の売掛金の残高を記録する。

●○株式会社　　20××年9月分

日付 20××	摘要	借方	貸方	残高
9月1日	前月繰越	50,000		50,000
9月5日	商品A×50	50,000		100,000
9月20日	商品A×30	30,000		130,000
9月25日	商品B×10	20,000		150,000
9月30日	売掛金回収		100,000	50,000
	次月繰越		50,000	
	9月合計	150,000	150,000	

月末の借方合計（前月繰越＋今月の売掛金合計）と貸方合計（今月の入金金額＋次月繰越）は一致する。

売掛金回収予定表の記入

売掛金回収予定表とは、その月に回収する予定の売掛金の一覧表。回収が確認できたら、線やチェックマークで印をつける。売掛計上時、会計ソフトに取引先名の"補助科目"を設定しておけば自動で作成される。

- 支払を受けた勘定科目の欄に金額を記入する。
- 売掛金を回収したらチェックなどの印をつける。

売掛金回収予定表　　20××年9月分

得意先	請求日 20××年	売上金額	現金	小切手	振込	その他	回収済
株式会社A	8月5日	300,000			300,000		✓
株式会社B	8月25日	150,000		150,000			✓
C株式会社	8月25日	40,000			40,000		✓

※回収明細：現金／小切手／振込／その他

知識 毎日 **適宜** 毎月 毎年

請求書の発行の仕方

- ☑ 取引先に代金の支払を求めるのが「請求書」
- ☑ 締め日を決め、一定期間分をまとめて作成・発行する
- ☑ インボイス制度（P126～）で登録番号や税率区分などが記載必須に

売掛金回収のために行うのが、得意先に対して支払を求める「請求書」の発行です。発行を忘れてしまったり金額が間違ったりしていると、代金が回収できず、資金ショート（P78～）に陥る危険性があります。もれなくミスなく発行してください。

経理処理を効率化するために**「締め日」を定めて、一定期間の取引分をまとめて発行するのが一般的**です。

請求書を送付するときのマナー

長形の封筒に三つ折りで封入するのが一般的。請求書だけでなく添え状も一緒に。

★会社や部署宛に送るときは「御中」をつける。また、担当者など個人宛に送るときは「様」をつける。

★封筒の表に朱色で「請求書在中」と書き添える。またはスタンプを押す。重要書類だと認識してもらえ、紛失や見落としを防ぐことができる。

メールで送るとき

件名は「20××年×月分請求書のご送付」など簡潔に。レイアウトがくずれたり文字化けしたりしないよう、WordやExcelファイルではなくPDFファイルで送付する。

請求書作成時の注意点

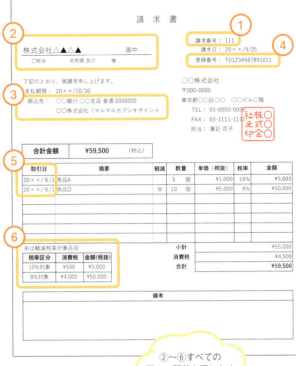

① 管理番号
通し番号を振っておく。問い合わせがあったときなど管理がしやすい。

② 取引先の名前
取引先の会社名を正式名称で記入。担当者がいれば名前も記入する。

③ 振込先
自社の振込先の金融機関、支店名、口座の種類、口座番号を記入。

④ インボイス登録番号
課税事業者の場合、Tから始まる数字13桁の登録番号を記載する。

⑤ 取引日
取引を行った年月日を記載する。

⑥ 税率区分
消費税率8％と10％が混在している場合、税額を区別して記載する。

②〜⑥すべての正しい記載を漏れなく記入する必要があります。

第4章 売上・仕入取引の管理

COLUMN　【 請求書の発行・送付業務のDXを推進する 】

請求書を紙で印刷・封入して郵送する従来の方法は、印刷や封筒代、封入の手間など、ロスが大きいです。何十件と送付先がある場合はなおさらです。

最初はできるところからでかまわないので、紙での郵送を減らしていきましょう。最初から請求書システムなどのツールを導入せずとも、請求書をPDFで作成し、メール送付に変更するなどでも、十分に業務効率は上がります。

適宜

領収書の発行の仕方

領収書
¥ 3,300 -

- 代金を受け取った証明のため発行するのが「領収書」
- インボイス制度（P126 〜）で登録番号や税率区分などの記載をする
- 金額が 5 万円以上の領収書の発行には印紙税がかかる

お金や手形で支払を受けたときには、その証拠として「領収書」を発行します。書式の決まりはないので、自社で決めたものか、市販のものを用います。下記の必要事項を消せないボールペンで記載してください。書き損じた用紙は破棄せず、新しい用紙に書き直します。**5 万円以上の領収書には収入印紙を貼りましょう**。

なお、収入印紙が必要なのは紙の文書だけで、電子文書には不要です。

領収書作成時の注意点

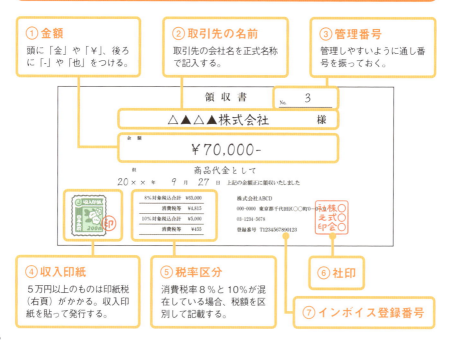

① 金額
頭に「金」や「¥」、後ろに「-」や「也」をつける。

② 取引先の名前
取引先の会社名を正式名称で記入する。

③ 管理番号
管理しやすいように通し番号を振っておく。

④ 収入印紙
5 万円以上のものは印紙税（右頁）がかかる。収入印紙を貼って発行する。

⑤ 税率区分
消費税率 8 % と 10 % が混在している場合、税額を区別して記載する。

⑥ 社印

⑦ インボイス登録番号

覚えておこう

課税文書には収入印紙の貼付を忘れずに

　さまざまな取引で作成される文書のなかには、税金（印紙税）が課せられるものがあります。取引先との契約書や、領収書類など、第1号〜第20号まであります。それぞれ課税額が定められており、収入印紙を購入して貼付することで納税する形になっています。収入印紙は法務局や郵便局のほか、コンビニ（多くは200円のみ）でも購入できます。

　課税文書のうち、経理担当者がよく扱うのが5万円以上の領収書です。金額に応じて、最低200円からの印紙が必要です。収入印紙の貼り忘れを税務調査などで指摘された場合は、定められた印紙税額と、過怠税として、その2倍相当の金額を収めなければなりません。消印がない場合も、印紙の額面相当の過怠税が課せられるので注意してください。

【 代表的な課税文書* 】

いずれの規定の文書も、文書1通につき該当の金額がかかる。

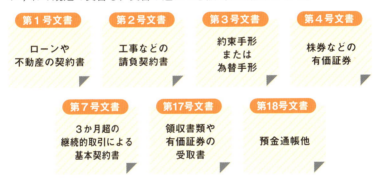

第17号文書の印紙税額（一部のみ記載）

記載された受取金額が

5万円未満のもの：非課税
5万円を超え100万円以下のもの：200円
100万円を超え200万円以下のもの：400円
200万円を超え300万円以下のもの：600円
300万円を超え500万円以下のもの：1千円
500万円を超え1千万円以下のもの：2千円
1千万円を超え2千万円以下のもの：4千円
2千万円を超え3千万円以下のもの：6千円
3千万円を超え5千万円以下のもの：1万円
5千万円を超え 1億円以下のもの： 2万円
1億円を超え 2億円以下 のもの：4万円
受取金額の記載のないもの：200円

第4章　売上・仕入取引の管理

*各文書の詳しい定義・印紙税額や、ここで紹介していない文書については、国税庁のホームページなどを確認してください。国税庁ホームページ：https://www.nta.go.jp/taxes/shiraberu/taxanswer/inshi/7140.htm

購買管理

- ☑ 商品などの製造・販売に必要なものを購入することを「仕入」という
- ☑ 支払漏れを防ぐため、買掛金の支払日はそろえるのが望ましい
- ☑ 買掛金元帳（P123）と買掛金支払予定表（P123）を作成する

多くの会社は、販売業務を行うために必要な原材料や商品を、他の会社から購入しています。これを「購買業務」といいます。**販売業務と同様、掛け取引が一般的なので、経理担当者は主に「買掛金（未払いの代金）」の管理を担当します。**

売上の計上が実現主義なのに対し、仕入（費用）の計上は発生主義が原則です。 タイミングとしては、「出荷基準」「入荷基準」「検収基準」の3つがあり、会社ごとに決めた基準を継続します。業界や会社の規模によって異なりますが、中小企業では1か月分をまとめて計上し、入荷基準または検収基準を採用するところが多いようです。

買掛金の支払の遅れや金額のミスは、自社の信用を落とすことにもつながりかねません。補助簿の1つである「買掛金元帳（P123）」などで、確実に処理してください。

3つの側面で成り立つ購買管理

購買管理は大まかに3つの業務で構成される。経理担当者は買掛金管理を中心に関わる。

発注管理
仕入れる商品を選び、見積もりを取り、適正な価格と数量で発注をかける。

在庫管理
発注後の納品確認、在庫の数量・状態の管理などを行う。

買掛金管理
請求書の受領、仕入の計上、買掛金の支払などの経理手続きを行う。

≫経理が主に関わる仕事

購買管理の流れと仕入計上のタイミング

仕入は、取引が発生した時点で計上するのが原則（発生主義）。商品が発送されてから代金を支払うまでの間、どのタイミングで仕入を計上するかは企業ごとに決めてよい。

自社　　　　　　　　　　　　　　　　　**取引先**

❶ 自社が商品を注文する →
❷ 取引先が商品を発送する
❸ 取引先が商品を納品する
❹ 検収
❺ 自社が代金を支払う →

納品　　　　　　　　　　　　　　　　　発送

❷のタイミングで計上	❸のタイミングで計上	❹のタイミングで計上
出荷基準	**入荷基準**（一般的）	**検収基準**
取引先が商品を発送したタイミングで仕入を計上する。	自社が商品を受け取ったタイミングで仕入を計上する。	自社の検品で問題なしと判断した時点で仕入を計上する。

第4章　売上・仕入取引の管理

買掛金管理の流れ

取引先から請求書を受け取り、自社の定めたタイミング（上図）で仕入を計上。多くの場合、掛け売りなので期日までに後払いでまとめて代金を支払う。買掛金を支払ったら、帳簿と買掛金支払予定表から取り消す（消込）。

請求書の管理を経理担当者に一元化しておけば、計上漏れを防げるよ。

請求書を受け取る →
仕入を計上する
- 仕訳を行う ▶P122
- 買掛金元帳や買掛金支払予定表に転記する ▶P123

→ **買掛金を支払う** →

買掛金の消込を行う
- 自社の支払金額と照らし合わせ、買掛金を消込 ▶P122
- 同じく、買掛金元帳や買掛金支払予定表も消込を行う ▶P123

買掛金管理の仕訳

【 仕入の計上時 】

● 税込方式の場合

（例）商品を税込 5,500 円で仕入れ、代金は掛け払いとした。

買掛金（＝負債）が増加したという事実を貸方に入れ、仕入（＝費用）が増加したからという理由を借方に入れる。

借方	貸方
仕入　5,500	買掛金　5,500

● 税抜方式の場合

（例）商品を税込 3 万 3,000 円（消費税率 10％）で仕入れた。

買掛金（＝負債）が増加した事実を貸方に、仕入（＝費用）が増加したからという理由を借方に。仮払消費税（＝資産）の増加は借方に入れる。

借方	貸方
仕入　30,000 仮払消費税　3,000	買掛金　33,000

仕入の仮払消費税は仕入計上時にのみ計上します。買掛金の支払時には計上しません。

買掛金を取り消す 消込の仕訳

【 買掛金の支払時 】

（例）前月仕入れた商品の買掛金 5 万 5,000 円を普通預金口座から支払った。

普通預金（＝資産）が減少したという事実を貸方に入れ、買掛金（＝負債）を支払ったからという理由を借方に入れる。

借方	貸方
買掛金　55,000	普通預金　55,000

【 振込手数料を自社で負担するとき 】

（例）買掛金 1 万 1,000 円の入金時、口座振込手数料とあわせて振り込んだ。

普通預金（＝資産）が減少した事実を貸方に、買掛金（＝負債）を支払ったからという理由を借方に。支払手数料（＝費用）の増加は借方に。

借方	貸方
買掛金　11,000 支払手数料　400	普通預金　11,400

買掛金元帳の記入

買掛金元帳とは、取引先ごとに買掛金の発生と支払を記録した帳簿。仕入先元帳ともいう。取引先別に買掛金の支払状況を確認するのに役立つ。

- 買掛金を計上した日付や支払った日付を記入する。
- 買掛金を計上したら貸方、支払ったら借方に。
- 取引後の買掛金の残高を記録する。

●〇株式会社　　20××年9月分

日付 20××	摘要	借方	貸方	残高
9月1日	前月繰越		30,000	30,000
9月5日	商品△△×15		200,000	230,000
9月20日	商品〇〇×30		70,000	300,000
9月25日	商品B×10		20,000	320,000
9月30日	買掛金振込	320,000		0
	次月繰越		0	
	9月合計	320,000	320,000	

月末の貸方合計（前月繰越＋今月の買掛金合計）と借方合計（今月の支払金額＋次月繰越）は一致する。

買掛金支払予定表の記入

買掛金支払予定表とは、その月に支払予定の買掛金の一覧表。支払を終えたら、線やチェックマークで印をつける。買掛金計上時、会計ソフトに取引先名の"補助科目"を設定しておけば自動で作成される。

- 支払手段の勘定科目の欄に金額を記入する。
- 買掛金を支払ったらチェックなどの印をつける。

買掛金支払予定表　　20××年9月分

支払先	請求日 20××年	当月支払金額	現金	小切手	振込	手形	支払済
株式会社D	9月5日	50,000			50,000		✓
株式会社E	9月25日	120,000			120,000		✓
F株式会社	9月25日	55,000					

支払明細欄：現金／小切手／振込／手形

第4章　売上・仕入取引の管理

消費税の しくみと処理

- ☑ 消費税とは、国内の商品販売やサービス提供などの取引にかかる税
- ☑ 非課税取引、免税取引、不課税取引など消費税がかからない取引も
- ☑ 仕訳は税抜方式がおすすめ

　消費税は、商品の販売やサービスを提供する取引において広く課せられる税金です。**消費税の課税事業者は、決算時に申告納付しなければなりません。原則として、取引で受け取った消費税額から、支払った消費税額の差額を納めます**（P217）。

　消費税の処理は「税込方式」と「税抜方式」の2つがあり、会社が自由に選べます。税込方式では、すべての取引を税込で仕訳し、決算時に消費税額を算出します。税抜方式では、取引ごとに本体価格と消費税分を分けて仕訳します。**会計ソフトを使えば、自動的に税抜処理が可能になっています**。

　なお、取引のなかには消費税がかからないものもあるので注意してください。

消費税がかからない取引

課税取引の条件を満たさないものを不課税取引という。また、課税取引のなかでも、例外として消費税が課されないものがある。

課税取引
事業者が事業として対価を得て行う国内取引で、かつ資産の譲渡、資産の貸付、役務を提供するもの。
- 商品の販売や仕入
- 水道光熱費
- 建物、機械装置、備品取得費用
- 報酬
など

例外 非課税取引
性格上、課税の対象にならないものや、社会政策的な配慮がなされるもの。
- 土地や有価証券の譲渡
- 預貯金や貸付金の利子
- 社会保険医療
など

例外 免税取引
輸出や輸出類似取引は、輸出証明書の保管などの一定要件を備えていれば、消費税が免除される。
- 商品の輸出
- 国際輸送
- 国外の事業者へのサービスの提供
など

不課税取引
課税取引の条件に当てはまらないもの。
- 国外での取引
- 寄附や贈与
- 出資に対する配当

消費税のしくみ

消費税は商品やサービスの流通の過程でも課税される。各事業者が受け取った消費税をそのまま納めると、払い過ぎが発生する。そのため、商品やサービスの流通過程で関わった事業者は受け取った消費税から支払った消費税を差し引いた差額分を納付する。

※上記は消費税額10%の場合。

税抜方式のメリット

メリットが大きい税抜方式がおすすめ。会計ソフトなら処理の手間も軽減できる。

(例) 税込1万1,000円（消費税率10%）の商品を現金で購入した。

税込

借方	貸方
仕入　11,000	現金　11,000

税抜

借方	貸方
仕入　10,000	現金　11,000
仮払消費税　1,000	

税抜方式のメリット

- 納税予定額を簡単に把握できる
- 税抜価格で計算されるため、交際費をより多く損金に算入できる。また、固定資産の取得価額（P140）も税抜価格で判断できる。

Column

導入にともない経理業務が煩雑に

インボイス制度

制度改正による業務変更が全従業員に影響する。
問い合わせなどに対応できるよう、しくみを理解しておこう。

仕入時に支払った消費税の控除に「インボイス」が必要になる

インボイス制度は、消費税の会計処理に対する新しいルールで、2023年10月に導入されました。これまでは、預かった消費税額から仕入時に支払った消費税額を差し引いて、納税額を算出していました（仕入税額控除）。しかし、**インボイス制度導入後、仕入税額控除を行うためには、一定の要件を満たした「適格請求書（インボイス）」を仕入先に発行してもらいそれを保存する必要があります。**

インボイス制度導入にともなう経理業務の変更点を確認する

課税売上高が1,000万円を超えるなどの条件に当てはまる場合は「課税事業者」、当てはまらない場合は「免税事業者」となります。**インボイスを発行できるのは課税事業者で、適格請求書発行事業者への登録申請が必要です。**ただ、免税事業者でも自ら課税事業者となれば、インボイス登録申請は可能です。

経理担当者はインボイス制度を理解し、業務の変更点（右頁）を確認しましょう。

免税事業者との取引で仕入税額控除ができなくなる

インボイスの保存がない取引では、消費税納付時（P217）に支払った分の消費税を差し引いてから納付する「仕入税額控除」ができなくなる。インボイスを発行できるのは課税事業者だけ。

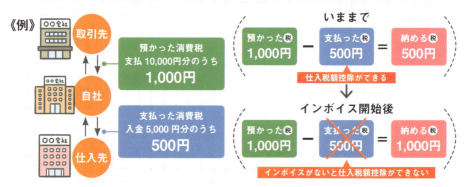

日々の経理業務の変更点を確認

《端数の処理》

取引において

インボイスを発行するとき

- インボイスの消費税の端数処理計算を見直す
  - ▶ 消費税額の端数は、商品ごとではなくインボイスごとに計算する　右図

- インボイスの記載事項に漏れがないか確認する
  - ▶ 詳しい記載事項は ▶P117

- 自社が発行したインボイスの写しを保存する
  - ▶ 原則7年間保存する

請求書

請求金額（税込）　11,072 円

品名	税抜金額	消費税額
A	551	—
B	3,360	—
C	5,783	—
D	444	—
8％対象計	3,911	312
10％対象計	6,227	622

消費税の端数処理は合計金額に対して行う。税率区分がある場合は、税率ごとに処理する。Excelの関数などで計算を行っている場合、設定の変更が必要。

インボイスを受け取るとき

- 新規の取引先はT番号の有無を確認する

- 受領したインボイスの記載事項に漏れがないか確認する
  - ▶ 詳しい記載事項は ▶P117

- 受領したインボイスの写しを保存する
  - ▶ インボイスとそうでないものに仕分けるのを忘れずに。
    原則7年間保存する

- 受領したインボイスに不備があれば、仕入先に再発行を依頼する
  - ▶ 受領側が修正を加えることは禁止されている

いままでは、微細であれば受領側が修正することができました。

仕訳／記帳において

- 免税事業者との取引は区別して管理する
  - ▶ 仕入税額控除の対象外となるため

- 免税事業者との取引は経過措置適用の処理を行う
  - ▶ 詳しくは ▶P128

従業員への周知

- インボイス制度の概要を周知する
  - ▶ 変更になる業務や注意点を説明
    大まかでよいので制度のしくみを理解してもらう

- 経費の領収書は必ず受け取ってもらう

- 電子データの領収書は電子データで提出してもらう
  - ▶ 電子帳簿保存法改正により、電子取引データは電子データで保存することが義務づけられた。
    詳しくは ▶P218～

第4章　売上・仕入取引の管理

特例を活用し、経理処理の負担を減らす

インボイス制度は、会社活動に与える影響が非常に大きい。そこで、影響を軽減するために、さまざまな特例が設けられている。特例を活用して、経理業務の負担軽減につなげよう。

少額特例　保存に際して

前々事業年度の課税売上高が1億円以下の事業者など*1については、税込1万円未満の取引は、インボイスの保存が不要。従来通り、帳簿への記載のみで、仕入税額控除ができる。対象期間は令和11（2029）年9月30日まで。

インボイス不要の取引　保存に際して

電車、バス、船舶などの公共交通機関の運賃で税込3万円未満のもの、自販機からの購入などで税込3万円未満のもの、切手を貼って郵便ポストに投函したもの、出張旅費や通勤手当など*2。帳簿には「自販機利用」など詳細を明記する。

2割特例　納税に際して

免税事業者が、インボイス制度施行にともない、課税事業者となる場合、納税額は課税売上の消費税額の20％で算出できる。仕入税額控除で算出するより簡便で、納税額が少なくすむことが多い。対象期間は令和8（2026）年9月30日の属する課税期間まで。

簡易インボイス　発行に際して

小売業、飲食店業、写真業、旅行業、タクシー業、駐車場業など、不特定多数の人と取引する業種では、受取先の名称を省いた「簡易インボイス」が認められている。

少額な返還インボイスの交付義務免除　発行に際して

返品や値引、割戻などを行った場合、売り手側はインボイスを発行しなければならない（返還インボイス）。ただし、1回の取引の返金や値引を行った総額が税込1万円未満なら、返還インボイスの発行は免除される。すべての事業者が対象で、適用期限はなし。

経過措置　納税に際して

課税事業者が免税事業者との取引（課税仕入）において、一定割合で仕入税額控除ができるという措置。令和8（2026）年9月30日までは一律80％、令和8（2026）年10月1日～令和11（2029）年9月30日までは一律50％を控除できる。以降は控除できなくなる。

いままで	令和5年10月1日～	令和8年10月1日～	令和11年10月1日～
100％控除できる	80％控除できる	50％控除できる	控除できない

*1 前事業年度開始から6か月間の課税売上高が5千万円以下の法人なども少額特例の対象。
*2 複数枚のチケットを一度に購入する場合は合計額で判定する。電車・タクシーは対象外。

よくある困りごと Q&A

Q 制度開始後、従業員からの問い合わせが相次ぎ、仕事が進まず困っています…。

A 変更点や注意点をまとめ、従業員全員が閲覧できるようにしておくなど対策を。制度の概要の**パンフレット**や**YouTube** の動画の **URL** などを配布するのもよいでしょう。業務の変更には混乱がともなうものです。定着するまで、ある程度繰り返し説明する忍耐が必要かもしれません。

Q クレジットカードの利用明細書は、インボイスとして認められませんか？

A **認められません**。制度開始前は、3万円未満の取引は請求書の保存が任意だったため、本来請求書ではない明細書も利用されていました。しかし、制度開始後はこの例外規定がなくなります。従業員には**正式な請求書**をもらうよう周知してください。

Q 経理業務の増加にともない、会計システムを導入したいと考えています。資金援助などはありますか？

A 中小企業や小規模事業者は「**IT導入補助金**」や「**小規模事業者持続化補助金**」などが活用できるでしょう。詳しい条件や応募方法などは国税庁ホームページをチェックしてください（右QRコード）。また、各自治体が補助金を出している場合もあります。確認してみてください。

Q 免税事業者との取引価格を引き下げようと思うのですが、問題ありませんか？

A **取引相手が納得したうえでならかまいません**。ただ、課税事業者が一方的に取引価格を引き下げたり、取引を停止したりすることは、「**優越的地位の濫用**」として禁じられています。**交渉は慎重に**行いましょう。

他にも困りごとがあれば国税庁の特設サイトへ

よくある質問や、相談窓口の一覧がまとまっている。同じサイトに適格請求書発行事業者公表サイトがあり、T番号や法人番号などから適格請求書発行事業者を検索することができる。

URL：https://www.nta.go.jp/taxes/shiraberu/zeimokubetsu/shohi/keigenzeiritsu/invoice.htm

第4章 売上・仕入取引の管理

イレギュラーな取引・販売方法

- 値引、返品、割引、割戻、内金・手付金、立替金などの取引がある
- 一般的に使われる意味とは違う定義の用語もあるので注意
- 予約販売、割賦販売、委託販売など特殊な販売方法も覚えておく

　会社の経済活動においては、売掛・買掛以外にもさまざまな取引が発生します。例えば、売り渡した商品を減額する「値引」や、不具合のあった商品を送り返す「返品」もあります。商品やサービスの代金が高額の場合は、その一部を先に支払うことも。

自社で発生しやすいイレギュラーな取引の仕訳を知っておきましょう。

　また、「値引」と「割引」など、**一般的には似た意味で使われている言葉でも、経理では意味が異なります**。意味を理解し、正しく仕訳を行ってください。

値引

売り渡した商品に「破損しているものがあった、数量が不足していた」などがわかった場合、代金を減額することがある。これを「値引」という。自社が値引することもあれば、取引先から値引を受けることも。値引分を新たな取引として記帳する。

販売した商品を減額する

【 取引先に値引されたとき 】

（例）商品5万円分を仕入れ、代金は掛けとした（①）。
　　　その後、商品の一部に汚れがあったため、5,000円の値引を受けた（②）。

①：買掛金（＝負債）が増加したという事実を貸方に、仕入（＝費用）が増加したからという理由を借方に。
②：買掛金（＝負債）が減少したという事実を借方に、仕入（＝費用）が減少したからという理由を貸方に。

	借方	貸方
① 仕入計上時	仕入　50,000	買掛金　50,000
② 値引時	買掛金　5,000	仕入　5,000

値引

【 自社が値引したとき 】

(例) 商品を 1 万円で販売し、代金は掛けとした（①）。
その後、商品に破損があったことが判明し、2,000 円の値引きをした（②）。

①の仕訳：売掛金（＝資産）が増加した事実を借方に、売上（＝収益）が増加したからという理由を貸方に。
②の仕訳：売掛金（＝資産）が減少したという事実を貸方に、売上（＝収益）が減少したからという理由を借方に入れる。

	借方	貸方
① 売上計上時	売掛金　10,000	売上　10,000
② 値引時	売上　2,000	売掛金　2,000

返品

販売した商品を返送する

仕入れた商品や販売した商品に品違いがあったり、数量が間違っていたりした場合は、一度販売した商品を返送する「返品」が行われることがある。新たな取引として、売上または仕入を取り消す処理が必要で、計上時とは左右（借方・貸方）を逆にして仕訳する。これを「逆仕訳」という。

【 取引先から返品を受けたとき 】

(例) 商品 1 万 5,000 円分を販売し、代金は掛けとした（①）。
その後、商品の内容が間違っていたため、1 万円分が返品された（②）。

①の仕訳：売掛金（＝資産）が増加した事実を借方に、売上（＝収益）が増加したからという理由を貸方に。
②の仕訳：売掛金（＝資産）が減少した事実を貸方に、売上（＝収益）が減少したからという理由を借方に。

	借方	貸方
① 売上計上時	売掛金　15,000	売上　15,000
② 返品時	売上　10,000	売掛金　10,000

【 自社が返品したとき 】

(例) 商品 20 万円分を仕入れ、支払は掛けとした（①）。
その後、商品に欠損が見つかり、10 万円分を返品した（②）。

①の仕訳：買掛金（＝負債）が増加した事実を貸方に、仕入（＝費用）が増加したからという理由を借方に。
②の仕訳：買掛金（＝負債）が減少した事実を借方に、仕入（＝費用）が減少したからという理由を貸方に。

	借方	貸方
① 仕入計上時	仕入　200,000	買掛金　200,000
② 返品時	買掛金　100,000	仕入　100,000

割引

会社同士の取引のほとんどは掛取引（後払い）だが、支払期限前に支払をしたときには、代金が減額されることがある。これを「割引」という。買掛金や売掛金に含まれる"利息"を差し引く処理だと考える。取引先から割引を受ける「仕入割引」と、自社が割引をする「売上割引」がある。

【 取引先から割引を受けたとき 】

（例）商品5万円分を仕入れ、支払は掛けとした（①）。
その後、支払期日より早く支払い、5,000円の割引を受けた。（②）

①の仕訳：買掛金（＝負債）が増加した事実を貸方に、仕入（＝費用）が増加したからという理由を借方に入れる。②の仕訳：買掛金（＝負債）が減少した事実を借方に、仕入割引（＝収益）を受けたからという理由を貸方に入れる。

	借方	貸方
① 仕入計上時	仕入　50,000	買掛金　50,000
② 割引時	買掛金　5,000	仕入割引　5,000

【 自社が割引を行ったとき 】

（例）商品を10万円で販売し、代金は掛けとした（①）。
その後期日より前に支払を受け、1万円を割引した（②）。

①：売掛金（＝資産）が増加した事実を借方に、売上（＝収益）が増加したからという理由を貸方に入れる。
②：売掛金（＝資産）が減少した事実を貸方に、売上割引（＝費用）を受けたからという理由を借方に入れる。

	借方	貸方
① 売上計上時	売掛金　100,000	売上　100,000
② 割引時	売上割引　10,000	売掛金　10,000

割戻

取引する商品やサービスの量が多い場合に、代金の一部を返金することを「割戻」という。一般には、キックバックやリベートと呼ばれる。取引先から割戻を受けたときは「仕入割戻」、自社が割戻をしたときは「売上割戻」として、いずれも計上時とは左右逆に仕訳する。

【 取引先から割戻を受けたとき 】

（例）商品100万円分を仕入れ、代金は掛けとした（①）。
　　　その後、10%分の割戻を受けた（②）。

①：買掛金（＝負債）が増加した事実を貸方に、仕入（＝費用）が増加したからという理由を借方に入れる。
②：買掛金（＝負債）が減少した事実を借方に、仕入（＝費用）が減少したからという理由を貸方に入れる。

	借方	貸方
① 仕入計上時	仕入　1,000,000	買掛金　1,000,000
② 割戻時	買掛金　100,000	仕入　100,000

【 自社が割戻を行ったとき 】

（例）商品70万円分を販売し、代金は掛けとした（①）。
　　　その後、10%分の割戻を行った（②）。

①：売掛金（＝資産）が増加した事実を借方に、売上（＝収益）が増加したからという理由を貸方に入れる。
②：売掛金（＝資産）が減少した事実を貸方に、売上（＝収益）が減少したからという理由を借方に入れる。

	借方	貸方
① 売上計上時	売掛金　700,000	売上　700,000
② 割戻時	売上　70,000	売掛金　70,000

内金・手付金

代金の一部を先に支払うものに「内金」と「手付金」がある。「内金」は一般的に支払後のキャンセルができない。それに対し「手付金」は、その返金をあきらめれば、契約を解除することもできる。どちらもまず「前払金（P45）」または「前受金（P47）」として計上。商品の引き渡し時点で、買掛金または売掛金との相殺処理を行う。

代金の一部を先に支払う

【 内金・手付金を支払ったとき 】

(例) 10万円の商品を注文し、内金として2万円を現金で支払った（①）。その後残りの8万円を現金で支払い、商品を購入した（②）。

①：現金（＝資産）の減少を貸方に、前払金（＝資産）の増加を借方に入れる。②：現金（＝資産）の減少を貸方に、仕入（＝費用）の増加を借方に入れる。前払金は仕入と相殺する。

	借方	貸方
① 発注時	前払金　20,000	現金　20,000
② 仕入計上時	仕入　100,000	前払金　20,000 現金　80,000

【 内金・手付金を受け取ったとき 】

(例) 60万円の商品の発注を受け、手付金として5万円を現金で受け取った（①）。その後、商品を納品し残りの代金55万円を現金で受け取った（②）。

①：現金（＝資産）の増加を借方に、前受金（＝負債）の増加を貸方に入れる。②：現金（＝資産）の増加を借方に、売上（＝収益）の増加を貸方に入れる。前受金は売上と相殺する。

	借方	貸方
① 受注時	現金　50,000	前受金　50,000
② 売上計上時	前受金　50,000 現金　550,000	売上　600,000

立替金

本来は従業員や取引先が負担すべきお金を、会社が一時的に支払うことがある。これを「立替金」という。「仮払金（P88）」や返済期日のある「貸付金（P45）」とは異なる。「預り金（P47）」にも似ているが、これは本来負担すべき人から会社が一時的に預かったお金で、社会保険料や源泉所得税がある。

一時的に立て替えておくお金

【 仕入計上時の立替金 】

（例）商品5万円分を仕入れ、代金を掛けとした。その際、仕入先負担の配送料1,500円を現金で立て替えた（①）。その後、仕入先から普通預金口座に立替金が振り込まれた（②）。

①：買掛金（＝負債）の増加および現金（＝資産）の減少を貸方に、仕入（＝費用）の増加および立替金（＝資産）の増加を借方に入れる。②：普通預金（＝資産）の増加を借方に、立替金（＝資産）の減少を貸方に入れる。

借方	貸方
仕入　50,000	買掛金　50,000
立替金　1,500	現金　1,500
普通預金　1,500	立替金　1,500

① 仕入計上時
② 立替金回収時

【 売上計上時の立替金 】

（例）商品を掛け売りで7万円分販売し、得意先負担の配送料2,000円を現金で支払った（①）。その後、得意先から普通預金口座に売掛金と立替金が振り込まれた（②）。

①：売掛金（＝資産）の増加を借方に、売上（＝収益）の増加および現金（＝資産）の減少を貸方に入れる。②：普通預金（＝資産）の増加を借方に、売掛金（＝資産）の減少を貸方に入れる。

借方	貸方
売掛金　70,000	売上　70,000
立替金　2,000	現金　2,000
普通預金　72,000	売掛金　70,000
	立替金　2,000

① 売上計上時
② 立替金回収時

予約販売

商品やサービスの提供を約束し、商品代金の一部を予約金として先に受け取る販売方法。予約金は「前受金」として計上し、商品の引渡時と代金の回収時に仕訳を行う。

販売前に予約金を受け取る

（例）4万5,000円の商品を予約販売し、予約金が普通預金口座に振り込まれた（①）。その後、商品を注文者に引き渡した（②）。

①：普通預金（＝資産）が増加した事実を借方に、前受金（＝負債）の増加を貸方に入れる。②：前受金（＝負債）が減少した事実を借方に、売上（＝収益）の増加を貸方に入れる。

	借方	貸方
① 予約受付時	普通預金　45,000	前受金　45,000
② 商品引渡時	前受金　45,000	売上　45,000

割賦販売

商品の代金を分割払いで販売する方法。通常の掛売と区別するために、「割賦売上」や「割賦売掛金」で処理することもある。

代金を分割で受け取る

（例）40万円の商品を10回払いの契約で販売し、商品を引き渡した（①）。その後、1回分の支払を普通預金口座より受け取った（②）。

①：割賦売掛金（＝資産）の増加を借方に、割賦売上（＝収益）の増加を貸方に入れる。②：普通預金（＝資産）の増加を借方に、割賦売掛金（＝資産）の減少を貸方に入れる。分割回数の分だけ、②の仕訳を行う。

	借方	貸方
① 商品引渡時	割賦売掛金　400,000	割賦売上　400,000
② 代金回収時	普通預金　40,000	割賦売掛金　40,000

×分割回数

委託販売

第三者に手数料を支払って、商品の販売を任せる販売方法。売れた分の代金を後から受け取るため、商品を委託先に送った時点では売上計上はできない。ひとまず「積送品」で仕訳し、商品が売れたときと代金を回収したときにも仕訳を行う。

販売を他社に任せる

第4章 売上・仕入取引の管理

委託販売の流れ

仕訳1 商品を委託先に送付したとき

（例）商品100万円分を、販売委託先に送付した。

積送品（＝資産）が増加したという事実を借方に入れ、仕入（＝費用）が減少したからという理由を貸方に入れる。

借方	貸方
積送品　1,000,000	仕入　1,000,000

仕訳2 委託先が商品を売り上げたとき

（例）商品100万円分のうち60万円分を、80万円で販売したと販売委託先から報告を受けた。

売掛金（＝資産）の増加を借方に、売上（＝収益）の増加を貸方に入れる。また、商品が売れた分だけ、仕訳1と相殺する仕訳を行う。

借方	貸方
売掛金　800,000	売上　800,000
仕入　600,000	積送品　600,000

→ 仕訳1と相殺

仕訳3 委託先から代金を回収したとき

（例）売掛金80万円から販売手数料10万円を差し引いた70万円が入金された。

普通預金（＝資産）の増加を借方に入れ、売掛金（＝資産）の減少を貸方に入れる。販売手数料（＝費用）の増加は借方に入れる。

借方	貸方
普通預金　700,000	売掛金　800,000
販売手数料　100,000	

137

固定資産の管理

知識 毎日 適宜 毎月 **毎年**

- ☑ 10万円以上の購入品は固定資産として扱い、減価償却を行う
- ☑ 10万円以上かは 購入代金ではなく取得価額で判断する
- ☑ 資産の種類ごとに決められた耐用年数の期間で減価償却を行う

会社は経済活動を行うために、さまざまなものを購入します。このうち**1年以上所有（使用）するもの、または取得価額10万円以上のものは、「固定資産」として「固定資産台帳」で管理します。**

現物の管理はその固定資産を使っている部署で行いますが、取得時の支払や固定資産台帳の管理は経理が担当します。

固定資産ごとに、取得年月日、取得価額（P140）、減価償却方法（P198～）などを記載します。

また、決算時の減価償却費の算出や、固定資産を売却・廃棄・修繕したときの仕訳も、経理の重要な仕事です。取得価額の大きい固定資産の処理を間違えると、損益だけでなく納税額にも関わります。

固定資産の種類

有形固定資産
物理的な形態を持ち、1年を超える長期にわたり利用される資産。

- 建物
- 建物附属設備
- 構築物
- 機械装置
- 車両運搬具
- 工具器具備品
- 土地　など

無形固定資産
物的な形を持たないが、長期にわたり利用される資産。

- 特許権
- 著作権
- ソフトウェア
- 商標権
- 営業権　など

投資その他の資産
固定資産のうち、有形固定資産にも無形固定資産にも分類されないもの。

- 投資有価証券
- 関係会社株式
- 長期貸付金　など

固定資産台帳の記入

資産ごとに台帳を作成し、取得日や使用開始日、取得価額や期末ごとの減価償却の記録をつけていく。

固定資産台帳 No. 15

資産名	社用車01	資産番号	015	設置場所	A営業所車庫
区分		耐用年数 ②	4年	供用日 ④	20××年4月1日
勘定科目 ①	車両運搬具	償却方法 ③	定率法	償却率 ⑤	0.500
備考					

年月日	摘要	取得価額 ⑥	減価償却費 ⑦	帳簿価額 ⑧
20××年3月20日	新規取得	2,000,000		2,000,000
20××年4月1日	供用開始			2,000,000
20××年4月15日	減価償却（取得初年度）		1,000,000	1,000,000

① 建物、車両運搬具、機械装置など固定資産の種類を記載する。

② 固定資産の種類ごとに定められている耐用年数を記載する。

③ 資産の種類ごとに定額法（P198）や定率法（P199）などの償却方法が定められている。

④ 資産を実際に使用し始めた日を記載する。

⑤ 償却率は耐用年数ごとに定められている。定額法と定率法で率が異なる。

⑥ 資産の購入代金と、それに付随する費用の合計（P140）。

⑦ その期の減価償却費（計算方法はP198〜）を記録する。

⑧ 期首に未償却となっている残高から、いままでの減価償却費の累計を差し引いたもの。

固定資産の数え方の基準

原則、取得価額が10万円以上のものが固定資産とされる。税込処理方式の会社は税込、税抜処理方式の会社は税抜価格で判断。また、組み合わせて使う前提のものは、そのセットの価格で判定する。

例 応接セット：イスやテーブルごとではなく1セットの値段で判定

例 パーテーションパネル：仕切りとして機能を発揮できる枚数の値段で判定

取得価額の計算

購入した資産が 10 万円以上かどうかは、資産の購入代金に、資産の使用にともなって発生する付随費用を加えた額で判断する。これを取得価額という。

【 資産を購入した場合 】

取得価額 ＝ 購入代金 ＋ 付随費用

資産の引き受けにかかる費用や、資産の使用にともなって必ず発生するような費用を付随費用といい、取得価額に加える。
例）購入した資産の引取運賃や荷役日、購入手数料、運送保険料、関税、試運転費、据付費など。土地の場合は、取得の際に支払った立退料、埋め立てや地ならしなどの土地の改良費用、開発負担金なども含める。

取得価額に含めなくてもよいもの
不動産取得税、登録免許税、そのほか登記や登録に関する費用　など

自社で製作・建設した場合、資産同士を交換した場合などケースにより取得価額の決め方が異なります。詳しくは国税庁のホームページを確認しましょう。

取得価額ごとの固定資産の処理方法

原則、10 万円以上の資産は減価償却（P198 ～）を行う。ただし、資産の金額や会社の規模により、いくつか例外的な処理方法も認められる。

取得価額	原則	中小企業
10万円未満	減価償却不要*	減価償却不要*
10万円以上 20万円未満	一括償却	
20万円以上 30万円未満	通常の減価償却	
30万円以上		通常の減価償却

取得価額 20 万円未満の減価償却資産は、3 年間で均等に割って減価償却できる。ただ、3 年以内に故障などで使用ができなくなっても、廃棄処分の処理は認められず、3 年均等償却を維持することになる。

中小企業は、取得価額 30 万円未満なら減価償却不要。ただ、年間総額 300 万円まで。

*固定資産としては扱わず、「消耗品費」などで一時の費用として処理することができる。

資産の種類ごとの償却方法　例

資産の種類ごとに、期末の減価償却を定額法または定率法（P198〜）で行うかが決められている（以下は平成28年4月1日以後取得の資産の償却方法）。

資産の種類	減価償却の方法	選択の可否	税務署への届出
建物	定額法	不可	不要
建物附属設備	定額法	不可	不要
構築物	定額法	不可	不要
機械装置	定率法	可 ＊定額法も選択できる	要 ＊定額法を選択する場合のみ
車両運搬具	定率法	可 ＊定額法も選択できる	要 ＊定額法を選択する場合のみ
工具器具備品	定率法	可 ＊定額法も選択できる	要 ＊定額法を選択する場合のみ
上記以外の有形減価償却資産	定率法	可 ＊定額法も選択できる	要 ＊定額法を選択する場合のみ
無形減価償却資産	定額法	不可	不要

第4章　売上・仕入取引の管理

資産の種類ごとの耐用年数　例

資産ごとに、耐用年数の期間内で減価償却を行う。耐用年数は資産の種類ごとに細かく定められている。以下はその一例。

建物
鉄筋コンクリート造の事務所用建物
▶50年

建物附属設備
アーケード
▶15年

車両運搬具
社用車
▶4年

工具器具備品
応接セット ▶8年
PC ▶4年

機械装置
食料品の製造用のもの
▶10年

会計上では、固定資産の耐用年数は任意で決めることができますが、実務上は、税法に合わせている会社が多いです。

知識 毎日 適宜 毎月 毎年

月次決算①作成書類とスケジュール

- ☑ 会社の経営状態を1か月ごとにまとめる月次決算
- ☑ 1か月の経営をまとめた決算書類を作成する
- ☑ タイムリーな経営状態の把握、年次決算の負担減などメリットが多い

　1年間の会社の経済活動に関わるお金の動きを決算書にまとめる「**年次決算**」は、法律で義務づけられた業務です。

　一方、1か月ごとのお金の動きをまとめる**「月次決算」は法的な義務はありません**。しかし、予算・実績や前年同月との比較など、**経営状況をタイムリーに把握するために重要な業務です**。帳簿のミスを早めに見つけることができるのもメリット。年次決算をスムーズに進めるのにも役立ちます。

　具体的には、1か月ごとの決算書と経営分析に用いる月次資料を作成します。作成は、当月締め日から翌月10日頃までに行うのが一般的。日々の業務と両立しながら段取りよく進めていきましょう。

月次決算で作成する書類

会社ごとに異なるが、月次決算で作成する書類は以下のようなものがある。

\\ 決算書の1か月版 //

月次決算書
- 貸借対照表
  ▶P206〜
- 損益計算書
  ▶P208〜
- キャッシュフロー計算書
  ▶P210〜

\\ 経営分析の資料となる //

月次資料
- （月次）資金繰り表
- 月次推移表
- 部門別損益計算書
  など

書類作成に使う資料
- 現金出納帳　▶P75
- 預金出納帳　▶P78
- 売掛金回収予定表
  ▶P115
- 在庫管理表
- 棚卸表　など

142

月次決算のスケジュール例

月末から翌月10日頃にかけ、日常業務と月次決算の業務を並行することに。細かいスケジュールやタスクは会社ごとに異なる。

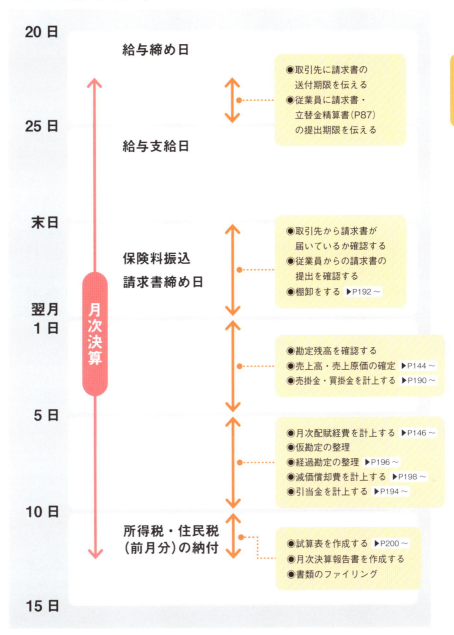

※上記のスケジュールは、給与20日締め・25日支払の場合の会社を想定しています。

月次決算②売上原価と月次配賦経費

- ☑ 年次決算の業務とやることはほぼ変わらない
- ☑ 月次決算では1か月分の売上総利益を求める
- ☑ 月次配賦を行う会社もある

月次決算で損益計算書（P208）をつくると、「当月の仕入れにいくらかかって、いくら儲かったのか」がわかります。

まず粗利と呼ばれる「売上総利益」は、当月の「売上高」から、「売上原価（当月に売り上げた商品の仕入代）」を差し引いて求めます。

この売上総利益から、経費（P84～）を差し引くと「営業利益（P208）」がわかります。経費には交通費など毎月発生するもの以外に、賞与や退職金など決まった月にだけ発生するものもあります。**そのまま計上すると、月ごとの儲けに実際以上のバラつきが生じるため、12で割って毎月計上します。これを「月次配賦」といいます。**

月次決算のメリット

大企業を中心に多くの会社が実施している月次決算は、中小企業にとってもメリットは大きい。主に次の3つのメリットが挙げられる。

1
年次決算業務の負担が減る

月ごとに帳簿を確認することで、ミスを早めに確認できる。仮払金・仮受金の処理も早めにできるので、年次決算業務の負担が減り、精度の高い決算書が作成できる。

2
経営情報をタイムリーに把握できる

月ごとに予算と実績の比較や前年同月との比較ができるため、経営状況をタイムリーに把握できる。予算の修正や資金計画、事業計画の見直しなど迅速な対応が可能。

3
金融機関からの印象がよくなる

月次決算の報告書があると、直近の業績が明確なので、金融機関が融資の判断をしやすくなる。また「経営のしっかりした会社だ」という印象をもたれやすい。

売上総利益の算出

売上総利益（粗利）は、売上高から売上原価を差し引いて求める。企業が商品やサービスの販売を通じて上げた売上がわかる。

売上総利益（粗利） ＝ 売上高 － 売上原価

売上高の算出　以下の要領で、売上高を確定する。
- ☑ 従業員に請求書などを提出してもらい、売上高を集計する
- ☑ 売掛金が請求書通り回収できているかもあわせて確認する

売上原価の算出　以下の計算式で算出できる。

Ⓐ月初商品棚卸高（月初時点の商品在庫。） ＋ **Ⓑ当月商品仕入高**（当月の仕入額の合計。） － **Ⓒ月末商品棚卸高**（月末時点の商品在庫。）

- ☑ 当月のⒶ月初商品棚卸高（前月のⒸ月末商品棚卸高）を帳簿で確認する。
- ☑ 仕入高の合計額を算出する（＝Ⓑ当月商品仕入高）。
- ☑ 棚卸を行い、Ⓒ月末商品棚卸高を確定する。
- ☑ 上記の計算式に当てはめ、売上原価を算出する。

Ⓐ＋Ⓑと、売上原価＋Ⓒの合計額はつり合う

売上原価を算定するときの仕訳

月次決算時には、「商品」として借方に計上されているⒶ月初商品棚卸高を「仕入」として借方に振り替える（①）。また、Ⓒ月末商品棚卸高を「仕入」で貸方に計上する（②）。月中で既にⒷ当月商品仕入高として仕入が借方に計上されているので、借方でⒶ＋Ⓑ－Ⓒが行われ、結果、仕入勘定で売上原価が計上できる。

（例）**Ⓐ月初商品棚卸高は 20 万円（①）。**
　　　月次決算で棚卸を行ったところ、Ⓒ月末商品棚卸高は 25 万円だった（②）。

①の仕訳：月初商品棚卸高を仕入に振り替える。仕入（＝費用）を借方に入れ、繰越商品（＝資産）を貸方に入れる。②の仕訳：月末商品棚卸高を繰越商品として計上する。繰越商品（＝資産）を借方に入れ、仕入（＝費用）を貸方に入れる。

	借方	貸方
①	仕入　200,000	繰越商品　200,000
②	繰越商品　250,000	仕入　250,000

月次配賦とは

賞与や退職金、固定資産税、減価償却費、労働保険料、損害保険料など、特定の月のみに発生する経費を12分割して毎月計上する作業のこと。年間予算があれば、それをもとに毎月、費用計上する。年間予算を策定していなければ、予算額を経理責任者と相談して決めて管理する。

年1回だと
年1回かかる多額の経費などをその月に計上してしまうと、月の費用が突出してしまう。

賞与支払の月だけ費用が多額に……

| 4月 | 5月 | 6月 | 7月 | 8月 | 9月 | 10月 | 11月 | 12月 | 1月 | 2月 | 3月 |

月割なら
多額の経費を12か月や6か月分などの金額に割り、1か月ごとに計上することで経費の平準化をはかることができる。

\\ 費用が毎月均等に！ //

| 4月 | 5月 | 6月 | 7月 | 8月 | 9月 | 10月 | 11月 | 12月 | 1月 | 2月 | 3月 |

主な月次配賦経費の例と仕訳

賞与引当金繰入

経営状況をもとに年間の賞与支払額を見積もり、月次配賦額を決める。「賞与引当金繰入」という勘定科目を使い計上する。

● **毎月の計上時**

賞与引当金繰入（＝費用）の増加を借方に入れ、賞与引当金（＝負債）の増加を貸方に入れる。

借方	貸方
賞与引当金繰入　500,000	賞与引当金　500,000

● **支払時**

普通預金口座から賞与を支払。賞与引当金（＝負債）の減少を借方に、普通預金（＝現金）の減少を貸方に。

借方	貸方
賞与引当金　6,000,000	普通預金　6,000,000

退職給付費用

退職金の金額は、社内規定があればそれに準ずる。ない場合は過去の実績などから見積もり、月次配賦額を決める。「退職給付費用」という勘定科目を使い計上する。

● 毎月の計上時

退職給付費用（＝費用）の増加を借方に、退職給付引当金（＝負債）の増加を貸方に入れる。

借方	貸方
退職給付費用　375,000	退職給付引当金　375,000

● 支払時

退職給付引当金（＝負債）の減少を借方に、普通預金（＝資産）の減少を貸方に入れる。

借方	貸方
退職給付引当金　4,500,000	普通預金　4,500,000

減価償却費

固定資産の減価償却費は年度末に計算するが（P198～）、償却率はあらかじめ決まっているので前もって計算しておくことも可能。

● 毎月の計上時

減価償却費（＝費用）の分だけ固定資産の価額（＝資産）を減らす直接法と、減価償却費の分だけ減価償却累計額（＝マイナスの資産）を増やす間接法がある。詳しくはP199。

パターン①　直接法

借方	貸方
減価償却費　100,000	車両運搬具　100,000

パターン②　間接法

借方	貸方
減価償却費　100,000	減価償却累計額　100,000

> ⚠ 減価償却費はあくまで会計技術上の費用として計上しているに過ぎない。そのため、支払の仕訳はない。

固定資産税

前年度の実績をかんがみて月次配賦額を決める。市区町村から納付税額が記載された申告書が届いたら、納付書の税額と一致するよう以降の月次配賦額を調整する。

● 毎月の計上時

租税公課（＝費用）の増加を借方に、未払費用（＝負債）の増加を貸方に入れる。

借方	貸方
租税公課　20,000	未払費用　20,000

● 支払時

固定資産税を現金で支払。現金（＝資産）の減少を貸方に、未払費用（＝負債）の減少を借方に入れる。

借方	貸方
未払費用　240,000	現金　240,000

第4章　売上・仕入取引の管理

章末 Column

気をつかうシーンのやりとりのコツ

催促、ミスの指摘など、言いづらいことの伝え方に気を配る。
言い方ひとつで印象が大きく変わる。

依頼した仕事の期日を早める

例
納品書の作成を営業担当者に依頼する

A社の〇月分の納品書ですが、**先方から本日中に発送してほしいと連絡がありました。**申し訳ありませんが、15時までにご用意いただけると大変助かります。

コツ
具体的な期日、またその理由も提示するとこちらの状況が相手に伝わりやすい。優先して取りかかってもらえる。

入金の遅れを伝える

例
商品代金の入金の遅れを取引先に伝える

今月分のお振り込みが**まだ確認できておりません。**お手数ですが、ご確認をお願いしてもよろしいでしょうか。

コツ
相手に伝える前に、自社側で入念に確認を。相手のミスをとがめるのではなく、入金が遅れている状況を伝え、原因の確認を依頼する。

ミスを指摘する

例
取引先から送られてきた請求書の金額が間違っていたとき

請求書の金額が合わず、お手数をかけて申し訳ありませんが、**もう一度金額をご確認いただけますでしょうか。**

コツ
明らかな間違いだとしても、指摘するのではなく、確認を依頼する形で伝えると角が立たない。

【 催促をやんわり伝える言い回しの例 】

書類や入金の遅れなどを催促する際には、相手側に圧迫感をあたえないよう配慮する。

- 〇〇の件について、その後いかがでしょうか。
- ご不明点などございましたら、ご連絡ください。
- すでにご対応済みでしたら申し訳ございません。
- 本メールと行き違いになっている場合は、何卒ご容赦くださいませ。

経理は主に「数字」を相手にする仕事ですが、その数字を生み出しているのは会社で働くたくさんの「人」です。単純作業は会計ソフトに任せられても、利害関係の絡む複雑なコミュニケーションを任せることはできません。**コミュニケーションスキルは、これからの経理担当者に求められる重要な能力の1つです。**特に中小企業の経理担当者は、社内外問わず、人とのやり取りが多くなります。日頃から積極的にコミュニケーションをとり、良好な関係を築いていきましょう。

急な仕事をお願いする

例
部署の後輩に仕事を依頼するとき

A社の要望で振込を早めることになったので、今日の夕方までに手続きをお願いします。

コツ
理由を伝えたうえで進めてもらうように。「とにかく今日までに」など要望だけだと勝手な印象になり不満が残ることも。

難しい説明をする

例
インボイス制度の変更点を解説する

簡単に言うと、請求書がないといままで差し引けていた消費税10%分が差し引けなくなり、仕入費用が増加します。

コツ
他部署の人に説明するときに注意。「仕入税額控除ができなくなる」などの用語は使わず、わかりやすくかみ砕く。

日頃からコミュニケーションに気をつかって信頼関係を築くことは、自分の仕事をスムーズに進めることにもつながる。困ったときの協力者が増えるよ。

第4章 売上・仕入取引の管理

番外編　こんなときどうする？　ピンチを切り抜けよう

業務の変更に従業員が反発
DXにともない発生した業務の変更に、不満の声が上がることも。本来、人は変化を嫌がり避けたがるもの。長期スパンで見たときに会社や従業員が享受する好影響を説明し、業務変更の意義を理解してもらえると理想。

会社の経営が危うい
経理担当者は会社経営の"ストッパー"となるべき存在。「経営者の交際費が多すぎる」など不安材料があれば、きちんと伝えておきたい。自身で進言するのが難しければ、税理士などの外部の専門家に頼んで伝えてもらう方法も。

第5章 月々の給与

手順がわかればあとは簡単

給与計算 P152〜157

年末調整 P174〜179

計算と年末調整

賞与・報酬・
退職金に対する
控除
P166〜171

保険料と
税金の控除
P158〜165

知識 毎日 適宜 毎月 毎年

給与計算の基本

- ☑ 給与業務の年間と1か月のスケジュールをつかんでおく
- ☑ 給与明細の見方と給与の計算式を理解する
- ☑ 残業手当など割増賃金(わりましちんぎん)の計算方法を覚える

　従業員の労働にともなって発生する事務や管理業務を「労務(ろうむ)」といいます。

　給与や保険料などの計算も労務の仕事の1つで、労務担当者が行うのが一般的です。**経理担当者は、給与の振込、従業員から預かった源泉所得税や住民税、保険料の納付や会計処理を行うケースが多いでしょう**。ただ、業務分担は会社によって異なり、中小企業では経理担当者が労務を兼ねることもあります。

　まずは会社の給与規定や就業規則を確認しておきます。それから月に1回、年に1回など、ルーティーンで行う業務を頭に入れてください。給与は個人情報であり、その人の生活を左右するもの。確認作業を怠らず、慎重に行ってください。

給与計算　年間の主な仕事

給与に関わる年間の主な仕事には以下のものがある。市区町村や税務署に提出しなければならない書類もあるので忘れずに。賞与支払については社内規定を確認しておく。

1月
- 給与(きゅうよ)支払(しはらい)報告書(ほうこくしょ)の提出　▶P179
- 源泉徴収票(げんせんちょうしゅうひょう)の提出　▶P179

4月
- 入社・退職にともなう登録や設定変更　▶P172〜

6〜7月
- 算定(さんてい)基礎(きそ)届(とどけ)の提出　▶P160
- 賞与支払　▶P166〜
- 労働保険料の年度更新　▶P162
- 住民税の特別徴収額の変更　▶P164

11〜12月
- 年末調整(ねんまつちょうせい)　▶P174
- 賞与支払　▶P166〜

給与計算　1か月のスケジュール例

下記は月末締め日、翌25日支給の場合のスケジュール。段取りよく作業を進める。

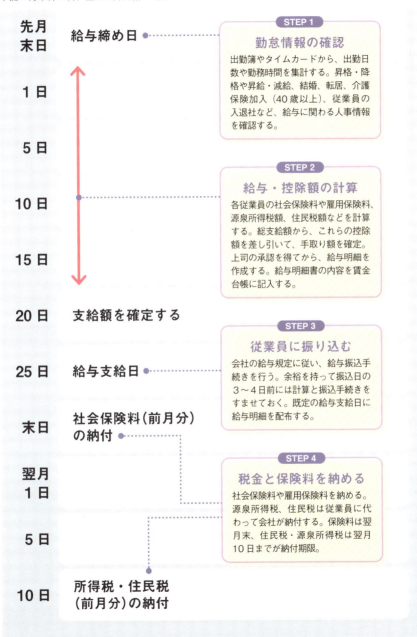

STEP 1　勤怠情報の確認
出勤簿やタイムカードから、出勤日数や勤務時間を集計する。昇格・降格や昇給・減給、結婚、転居、介護保険加入（40歳以上）、従業員の入退社など、給与に関わる人事情報を確認する。

STEP 2　給与・控除額の計算
各従業員の社会保険料や雇用保険料、源泉所得税額、住民税額などを計算する。総支給額から、これらの控除額を差し引いて、手取り額を確定。上司の承認を得てから、給与明細を作成する。給与明細書の内容を賃金台帳に記入する。

STEP 3　従業員に振り込む
会社の給与規定に従い、給与振込手続きを行う。余裕を持って振込日の3〜4日前には計算と振込手続きをすませておく。既定の給与支給日に給与明細を配布する。

STEP 4　税金と保険料を納める
社会保険料や雇用保険料を納める。源泉所得税、住民税は従業員に代わって会社が納付する。保険料は翌月末、住民税・源泉所得税は翌月10日までが納付期限。

主な人件費の種類

人件費とは従業員の労働全般にかかる経費のことで、さまざまな勘定科目が用いられる。

【給与】
会社が労働の対価として従業員に支払う賃金。基本給以外に、時間外手当や家族手当などが含まれる。

【賞与】
毎月の給与とは別に支払われる給与。いわゆるボーナスのことで、夏季・冬季などに支払われる。

【退職金】
従業員や役員の退職時に支払う一時金。基本、経費計上できるが、役員と従業員では処理が異なることも。

【法定福利費】
法律で支給が義務付けられているもの。健康保険、厚生年金保険、介護保険、労災保険、雇用保険など。

【法定外福利費】
法定外の福利厚生費のこと。社員旅行費、レクリエーション費、慶弔費、休憩室用のお茶代、忘年会費など。

【役員報酬】
役員に支払う給与のこと。従業員に支払う給与とは別の勘定科目で計上する。賞与は「役員賞与」となる。

【その他】
人材採用にかかる費用や教育研修にかかる費用など。人件費に含めるかどうかは企業によって異なる。

賃金支払の5原則

労働者の生活の安定には、賃金が確実に支払われなければならない。そこで労働基準法の第24条では、「賃金支払の5原則」が定められている。

1 通貨払いの原則
賃金は原則として、日本の通貨（円）で支払わなければならない。会社の商品など現物での支給は原則、認められない。

5 一定期日払いの原則
賃金は「月末締めの翌20日払い」のように、原則として一定期日で支払わなければならない。労働者の生活設計を安定させることが目的。

2 直接払いの原則
仲介者による"中抜き"を防ぐため、労働者本人以外への賃金の支払は原則禁止。労働者本人に直接支払わなければならない。

3 全額払いの原則
賃金は原則として、支払日にその全額を支払わなければならない。賃金の一部を会社が勝手に天引きしてはならない。

4 毎月1回以上払いの原則
労働者の生活を安定させるには、賃金の定期的な支給が必要。原則として、賃金は毎月1回以上支払わなければならない。

給与計算の仕方

【 給与の計算式 】

以下の計算式の通り、月給から保険料・税金を差し引いた額が、従業員の実際の手取り額となる。

【 給与明細の内訳 】

給与明細は「勤怠」「支給」「控除」の3つのブロックに分かれている。支給額から控除額を差し引いたのが実際の支給額となる。支給される項目には「固定的項目」と「変動的項目」がある。

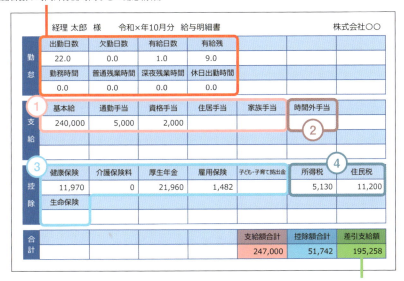

支給額合計から控除額合計を引いた、実際の手取り額(差し引き支給額)。

主な固定的項目と変動的項目

給与の支給項目は、毎月決まった金額が支給される「固定的項目」と、毎月の勤務状況で金額が変動する「変動的項目」の2つに大きく分けられる。

固定的項目		
	基本給	従業員の労働の対価として、毎月必ず支給される基本的な賃金。年齢や職種、役職などで定められている。
	住宅手当	従業員の家賃や住宅ローンの一部を会社が補助するもの。
	家族手当	子どもや配偶者のいる従業員の生活支援を目的とするもの。
	通勤手当	通勤定期券など、従業員の通勤の費用を支給するもの。
	役職手当	課長、部長など役職に応じて支給される手当。
	資格手当	会社が指定する資格を持つ従業員に対して支給される手当。

変動的項目		
	時間外労働手当など	時間外労働や深夜労働、休日労働などに対する手当。労働基準法で定められた割増賃金を支給しなければならない（右頁）。
	皆勤手当	一定期間中、1回も欠勤しなかった従業員に支給される手当。
	能率手当	一定期間内の業務量や出来高に応じて支給される手当。

主な非課税項目

給与には原則、所得税がかかるが、下記のように非課税の項目もある。また、通勤手当のように定められた枠を超える分は課税対象となるものもあるため、所得税の計算のときには注意する。

通勤手当	電車やバスなど公共交通機関を利用する場合は、1か月あたり15万円まで非課税。それ以外の交通手段の場合は、距離によって異なる。
資格等の習得費	業務に必要な資格や技能習得にかかる費用や講座参加費用などを会社が支給した場合は、非課税となる。
食事補助	従業員の食事にかかる費用を補助するもの。半額以上を従業員が負担しており、会社の負担額が1か月あたり3,500円以下なら非課税。
旅費・交通費	業務に必要な出張・移動・宿泊にかかるもの。従業員が一時的に立て替えたものが支給されているので、非課税となる。
宿直手当	所定勤務時間外に、軽微な労働に従事させる場合に支給される手当。1回あたり4,000円までは非課税。食事代が別にあれば差し引く。
健保給付金	傷病手当金や出産育児一時金など、健康保険組合からの給付金は非課税。

割増賃金の計算

割増賃金の計算は以下の3つがある。月給から1時間あたりの賃金額を算出し、割増率を掛ける。円未満の端数が出た場合は、50銭未満は切り捨て、50銭以上は1円に切り上げて処理をする。

時間外労働割増賃金

「1日8時間・週40時間」の法定労働時間を超えた分は、通常賃金の0.25倍以上の割増賃金を支払う。時間外労働が1か月60時間を超えた分は0.5倍以上を支払う。

1時間あたりの賃金額 × 1.25

月給制の場合の計算方法

（Ⓐ月給）÷（Ⓑ1か月の平均所定労働時間）

Ⓐ月給の計算方法

家族手当や通勤手当など、個人の事情に応じて支払われる手当等は除外する。一律で支給される手当は含める。

〈月給から除外できるもの〉
1. 家族手当
2. 通勤手当
3. 別居手当
4. 子女教育手当
5. 住宅手当
6. 臨時に支払われた賃金
7. 1か月を超える期間ごとに支払われる賃金

Ⓑ1か月の所定労働時間の計算方法

$$\frac{365日 - 会社の年間休日}{12か月} \times 8時間$$

年間所定労働日数×8時間

うるう年や祝日の変更があるので、年間所定労働日数は毎年算出し直そう。

深夜労働割増賃金

労働基準法では22時〜翌5時が深夜となるため、この時間帯に労働させた場合は、0.25倍以上の割増賃金を支払う。時間外労働が深夜に及んだ場合は、0.5倍（0.25＋0.25）以上の割増賃金を支払わなければならない。

1時間あたりの賃金額 × 1.25

休日労働割増賃金

法定休日[*1]に労働させた場合は0.35倍以上、休日労働が深夜に及んだ場合は0.6（0.35＋0.25）倍以上の割増賃金となる。ただし、振替休日[*2]をとったときは割増はなし。法定外休日の労働は、週40時間以内におさまっていれば割増はなし。

1時間あたりの賃金額 × 1.35

[*1] 労働基準法で設けることが定められている休日のこと。週に1回、または4週間に4日の休日。会社が独自に定めた休日は法定外休日。 [*2] 法定休日に出勤する前に、別の日に休日を設定すること。

知識 毎日 適宜 毎月 毎年

保険料と税金の控除

- ☑ 給与から控除される保険料の種類と会社の負担率を知る
- ☑ 従業員の年齢や労働状況で、対象となる保険は異なる
- ☑ 保険料と所得税の計算の仕方を理解する

社内規定で算出された給与は全額、従業員に支払うわけではありません。**保険料と税金が差し引きされ（控除）、その残りが支給されます（手取り）**。

保険は、病気やけが、介護、失業などで働けなくなったときに生活を支えるためのもので、5つの制度があります（下図）。このうち、**健康保険料、厚生年金保険料、介護保険料の保険料は会社と従業員が折半で負担。労災保険料は会社が全額負担、雇用保険料は一定割合を会社が負担**することになっています。

税金は所得税と住民税があり給与から控除した分を会社が納付します。社会保険料は翌月末、雇用保険料は原則7月10日、税金は翌月10日が納付期限です。

会社が負担する保険料と税金

社会保険料・労働保険料をまとめて社会保険料と呼称する場合もある。

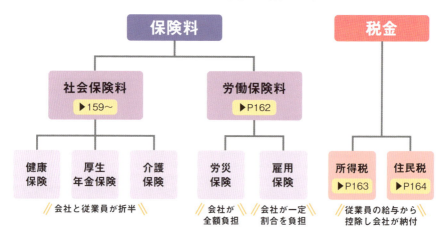

社会保険料の基本

狭義の社会保険としては、健康保険、厚生年金保険、介護保険の3つがある。いずれも正社員が対象だが、介護保険は40歳以上。40歳になる誕生日の前日の月から徴収を開始する。

健康保険

会社員（被保険者）とその家族（被扶養者）の病気やけが、出産、死亡などの際に、医療費や各種の給付金を支給する医療保険制度。全国健康保険協会（協会けんぽ）と、会社や業界独自の健康保険（組合けんぽ）がある。保険料は会社と被保険者が折半で負担。

対象者	会社負担
正社員	50%

納付先：年金事務所 or 健康保険組合

厚生年金保険

会社員（被保険者）が年をとって働けなくなったり、病気やけがで障害を負ったり、亡くなったりしたときに、給付金を支給する年金制度。満70歳まで加入できる。保険料は会社と被保険者が折半で負担し、年金事務所に納付する。

対象者	会社負担
正社員	50%

納付先：年金事務所

介護保険

原則として、65歳以上で介護または支援が必要になった場合に、介護サービスの利用料の一部を支給する制度。40歳以上の加入が義務づけられており、会社と被保険者が折半で保険料を支払う。加入している健康保険組合に、健康保険の保険料と一緒に納付。

対象者	会社負担
40歳以上の正社員	50%

納付先：健康保険組合

第5章 月々の給与計算と年末調整

パートでも被保険者になることがある

厚生年金保険の被保険者数51人以上の会社※では、右の条件すべてに該当すれば正社員でなくても社会保険への加入が義務づけられている。

健康保険・厚生年金保険 →
- 週の所定労働時間が20時間以上
- 所定内賃金（基本給＋毎月一定額の諸手当）が月額8.8万円以上
- 2か月を超える雇用の見込みがある
- 学生ではない

入社月・退職月の社会保険料控除

社会保険料は毎月の給与から、前月分（従業員負担分のみ）を控除するのが原則。社会保険料が発生するのは、被保険者資格を取得した月から、退職日の翌日の月の前月分まで。下記は給与が末日締め翌月25日払いの例。

入社月

月初に入社
7月1日に入社した場合、社会保険料は7月から発生。8月に支給する給与から社会保険料を控除する。

月途中で入社
社会保険料は日割りできないので、7月20日に入社した場合でも、7月分全額が発生。8月に支給する給与から社会保険料を控除する。

退職月

月末に退職
7月31日に退職した場合、7月までの社会保険料が発生。8月に支給する給与から社会保険料を控除する。

月途中で退職
7月20日に退職した場合、社会保険料は6月までの発生となり、8月に支給する給与からは控除しない。

※2024年10月から社会保険適用の枠が拡大され、厚生年金保険の被保険者数51人〜100人の会社も対象となる。

社会保険料の計算

【 社会保険料共通の計算式 】

社会保険料は、従業員一人ひとりの「標準報酬月額」を算出し、それに各社会保険料率を掛けて算出する。保険料率は都道府県や加入する健康保険によって異なる。

標準報酬月額 各社会保険料率

健康保険・介護保険 ▶右表
厚生年金保険 ▶右表

標準報酬月額とは、社会保険料算出のベースとなる標準的な給与のこと。毎年4〜6月までの3か月分の報酬の合計額を3で割った「報酬月額」を「健康保険・厚生年金保険の保険料額表(右表)」に当てはめればOK。給与には、金銭で支給されるものだけでなく、現物支給されるものも含まれる。

〈標準的な給与に含めるものと含めないもの〉

	金銭で支給されるもの	現物で支給されるもの
含めるもの	基本給、勤務地手当、宿直手当、家族手当、扶養手当、休職手当、通勤手当、住宅手当、継続支給する見舞金、年4回以上の賞与 など	通勤定期券、回数券、食事、食券、社宅、寮、被服(勤務時以外にも着用可能なスーツなど)、自社製品 など
含めないもの	見舞金、解雇予告手当、退職手当、出張旅費、交際費、慶弔費、傷病手当金、労災保険の休業補償給付、年3回以下の賞与 など	制服、作業着(業務に要するもの)、見舞品、食事(本人の負担額が2/3以上の場合) など

【 介護保険料の計算 】

40歳以上は、介護保険の徴収の対象となる。40〜64歳までは第2号被保険者で、健康保険料に介護保険料が加わった保険料が月々の給与から控除される。65歳以上は第1号被保険者となり、徴収方法が原則年金からの天引きに切り替わるため給与からの天引きは行わない。

社会保険料は1年に1回見直しを行う

社会保険料のもととなる標準報酬月額は、給与の変動に応じた見直しが行われます。そのために必要な手続きが「定時決定」です。

毎年6月中旬以降、年金事務所から「算定基礎届」が郵送されます。経理担当者は、各従業員に支払った給与の平均額(4〜6月分)を計算して算定基礎届に記載し、7月10日までに年金事務所に提出してください。

新しい標準報酬月額の通知を受け、適用するのは9月分の保険料計算からです。実際には10月の給与から、新しい社会保険料額を控除することが多いです。

なお、従業員の給与が大幅に変わった(標準報酬月額が2級以上変動)場合は、7月の定時決定を待たず、「月額変更届」を年金事務所に提出してください。

【 健康保険料・厚生年金保険料の計算 】

保険料は「健康保険・厚生年金保険の保険料額表」を使えば簡単に算出できる。報酬月額(左頁)を表に当てはめて、標準報酬月額と等級を確認。その行の各保険料のうち、折半額を給与から控除する。

- 標準報酬は、健康保険は第1等級から第50等級までの50段階、厚生年金保険は第1等級から第32等級の32段階に区分されている。
- 従業員ごとに、3か月分(4・5・6月)の報酬の合計額を3で割って、報酬月額を算出。その金額が当てはまる欄を探す。
- 健康保険料だけの金額と、介護保険料を含めた金額が記載されている欄。
- 厚生年金保険料の金額が記載されている欄。

第5章 月々の給与計算と年末調整

(東京都)　　　　　　　　　　　　　　　　　　　　　　　　　　　　　　　　　　　(単位:円)

標準報酬		報酬月額		全国健康保険協会管掌健康保険料				厚生年金保険料(厚生年金基金加入員を除く)	
				介護保険第2号被保険者に該当しない場合 9.98%		介護保険第2号被保険者に該当する場合 11.58%		一般、坑内員・船員 18.300%※	
等級	月額	円以上	円未満	全額	折半額	全額	折半額	全額	折半額
1	58,000	～	63,000	5,788.4	2,894.2	6,716.4	3,358.2		
2	68,000	63,000 ～	73,000	6,786.4	3,393.2	7,874.4	3,937.2		
3	78,000	73,000 ～	83,000	7,784.4	3,892.2	9,032.4	4,516.2		
4(1)	88,000	83,000 ～	93,000	8,782.4	4,391.2	10,190.4	5,095.2	16,104.00	8,052.00
5(2)	98,000	93,000 ～	101,000	9,780.4	4,890.2	11,348.4	5,674.2	17,934.00	8,967.00
6(3)	104,000	101,000 ～	107,000	10,379.2	5,189.6	12,043.2	6,021.6	19,032.00	9,516.00
7(4)	110,000	107,000 ～	114,000	10,978.0	5,489.0	12,738.0	6,369.0	20,130.00	10,065.00
8(5)	118,000	114,000 ～	122,000	11,776.4	5,888.2	13,664.4	6,832.2	21,594.00	10,797.00
9(6)	126,000	122,000 ～	130,000	12,574.8	6,287.4	14,590.8	7,295.4	23,058.00	11,529.00
10(7)	134,000	130,000 ～	138,000	13,373.2	6,686.6	15,517.2	7,758.6	24,522.00	12,261.00
11(8)	142,000	138,000 ～	146,000	14,171.6	7,085.8	16,443.6	8,221.8	25,986.00	12,993.00
12(9)	150,000	146,000 ～	155,000	14,970.0	7,485.0	17,370.0	8,685.0	27,450.00	13,725.00
13(10)	160,000	155,000 ～	165,000	15,968.0	7,984.0	18,528.0	9,264.0	29,280.00	14,640.00
14(11)	170,000	165,000 ～	175,000	16,966.0	8,483.0	19,686.0	9,843.0	31,110.00	15,555.00
15(12)	180,000	175,000 ～	185,000	17,964.0	8,982.0	20,844.0	10,422.0	32,940.00	16,470.00
16(13)	190,000	185,000 ～	195,000	18,962.0	9,481.0	22,002.0	11,001.0	34,770.00	17,385.00
17(14)	200,000	195,000 ～	210,000	19,960.0	9,980.0	23,160.0	11,580.0	36,600.00	18,300.00
18(15)	220,000	210,000 ～	230,000	21,956.0	10,978.0	25,476.0	12,738.0	40,260.00	20,130.00
19(16)	240,000	230,000 ～	250,000	23,952.0	11,976.0	27,792.0	13,896.0	43,920.00	21,960.00
20(17)	260,000	250,000 ～	270,000	25,948.0	12,974.0	30,108.0	15,054.0	47,580.00	23,790.00
21(18)	280,000	270,000 ～	290,000	27,944.0	13,972.0	32,424.0	16,212.0	51,240.00	25,620.00
22(19)	300,000	290,000 ～	310,000	29,940.0	14,970.0	34,740.0	17,370.0	54,900.00	27,450.00
23(20)	320,000	310,000 ～	330,000	31,936.0	15,968.0	37,056.0	18,528.0	58,560.00	29,280.00
24(21)	340,000	330,000 ～	350,000	33,932.0	16,966.0	39,372.0		62,220.00	31,110.00
31(28)		515,000 ～		52,894.0	26,447.0	61,362.0	30,687.0		
32(29)	560,000	545,000 ～	575,000	55,888.0	27,944.0	64,848.0	32,424.0	102,480.00	51,240.00
33(30)	590,000	575,000 ～	605,000	58,882.0	29,441.0	68,322.0	34,161.0	107,970.00	53,985.00
34(31)	620,000	605,000 ～	635,000	61,876.0	30,938.0	71,796.0	35,898.0	113,460.00	56,730.00
35(32)	650,000	635,000 ～	665,000	64,870.0	32,435.0	75,270.0	37,635.0	118,950.00	59,475.00
36	680,000	665,000 ～	695,000	67,864.0	33,932.0	78,744.0	39,372.0		
37	710,000	695,000 ～	730,000	70,858.0	35,429.0	82,218.0	41,109.0		
38	750,000	730,000 ～	770,000	74,850.0	37,425.0	86,850.0	43,425.0		
39	790,000	770,000 ～	810,000	78,842.0	39,421.0	91,482.0	45,741.0		
40	830,000	810,000 ～	855,000	82,834.0	41,417.0	96,114.0	48,057.0		
41	880,000	855,000 ～	905,000	87,824.0	43,912.0	101,904.0	50,952.0		
42	930,000	905,000 ～	955,000	92,814.0	46,407.0	107,694.0	53,847.0		
43	980,000	955,000 ～	1,005,000	97,804.0	48,902.0	113,484.0	56,742.0		
44	1,030,000	1,005,000 ～	1,055,000	102,794.0	51,397.0	119,274.0	59,637.0		
45	1,090,000	1,055,000 ～	1,115,000	108,782.0	54,391.0	126,222.0	63,111.0		
46	1,150,000	1,115,000 ～	1,175,000	114,770.0	57,385.0	133,170.0	66,585.0		
47	1,210,000	1,175,000 ～	1,235,000	120,758.0	60,379.0	140,118.0	70,059.0		
48	1,270,000	1,235,000 ～	1,295,000	126,746.0	63,373.0	147,066.0	73,533.0		
49	1,330,000	1,295,000 ～	1,355,000	132,734.0	66,367.0	154,014.0	77,007.0		
50	1,390,000	1,355,000 ～		138,722.0	69,361.0	160,962.0	80,481.0		

※厚生年金基金に加入している方の厚生年金保険料率は、基金ごとに定められている免除保険料率(2.4%〜5.0%)を控除した率となります。

加入する基金ごとに異なりますので、免除保険料率および厚生年金基金の掛金については、加入する厚生年金基金にお問い合わせください。

(例) 健康保険料・介護保険料：

4・5・6月の基本給190,000円、残業手当10,000円、通勤手当7,000円の場合、報酬月額は207,000円。表に当てはめると標準報酬月額は200,000円なので、健康保険料・介護保険料の従業員負担分は11,580円(うち介護保険料1,600円)。

(例) 厚生年金保険料：

4・5・6月の基本給190,000円、残業手当10,000円、通勤手当7,000円の場合、報酬月額は207,000円。表に当てはめると標準報酬月額は200,000円なので、厚生年金保険料の従業員負担分は18,300円。

※上記は、東京都の令和6年度の保険料額表です。最新のものや他の都道府県のものは、全国健康保険協会(協会けんぽ)のホームページを参照してください。URL: https://www.kyoukaikenpo.or.jp/g7/cat330/sb3150/

労働保険料の計算

労働保険には「雇用保険」と「労災保険」がある。雇用保険料は標準報酬月額ではなく、1か月の支給額を用いて算出する。労災保険料は全従業員の賃金総額から算出する。

【 雇用保険料の計算 】

従業員が失業したときに、失業手当などが支給される制度。一定の条件を満たす従業員が加入対象となる。保険料の負担率は事業種別に定められており、給与に保険料率（従業員負担率）を掛けて控除額を算出する。保険料は6～7月に1年分を概算で労務局に納付。その際、昨年度の保険料の精算も行う（年度更新）。

対象者：正社員
会社負担：一定割合を負担
納付先：労働局

1か月の支給額 × 雇用保険料率

基本給、賞与、残業手当、扶養手当、家族手当、住宅手当、通勤手当、教育手当などを含む。

雇用保険料率は右の3区分があり、自社に当てはまる区分で算出する。保険料の負担は従業員との折半ではないので注意。端数は50銭以下切り捨て50銭超切り上げで処理。

負担者 事業の種類	雇用保険料率	会社負担	従業員負担
一般の事業	15.5／1,000	9.5／1,000	6／1,000
農林水産・清酒製造の事業	17.5／1,000	10.5／1,000	7／1,000
建設の事業	18.5／1,000	11.5／1,000	7／1,000

(例) 1か月の支給額20万7,000円で一般の事業の場合、従業員負担分は1,242円。

 雇用保険の対象とならない人

・法人の代表者や取締役　・昼間学生　・週の所定労働時間が20時間未満の人　など

【 労災保険の計算 】

仕事中または通勤中の病気やけが、死亡などの事故に対して、各種の給付金を支給する制度。アルバイトやパートなど雇用形態にかかわらず、すべての労働者が加入対象。保険料は全従業員の前年度の賃金総額に、事業種別に定められた保険料率を掛けて算出。会社が全額負担し、雇用保険料と一緒に1年に1回、6～7月に年度更新を行う。

対象者：全従業員
会社負担：全額
納付先：労働局

(例) 従業員15人、平均年収430万円の卸売業の場合、430万円×15×3/1000で19万3,500円。

源泉所得税の計算

【所得税の計算】

個人の給与や所得に対してかかる税金。会社員の所得税は、会社が給与から控除し、翌月10日までに会社の所在地を管轄とする税務署に納付する。これを「源泉徴収」という。源泉徴収する税額は、まず給与所得金額から社会保険料を差し引いて、課税対象額を算出。それを「源泉徴収税額表」に当てはめて求める。

対象者：全従業員
納付先：会社の所轄税務署

給与所得金額 － 社会保険料 ＝ 課税対象額 ▶P160～

- 給与所得金額：基本給、残業手当、家族手当、扶養手当などを含む支給額から、通勤手当などの非課税の手当を差し引く。
- 社会保険料：その月に控除した社会保険料と雇用保険料を差し引く。
- 課税対象額：源泉徴収税額表を使い徴収額を調べる

第5章 月々の給与計算と年末調整

●給与所得の源泉徴収税額表（月額表）

- 算出した課税対象額が当てはまる欄を探す。
- 「給与所得者の扶養控除等（異動）申告書」（P175）に基づいて確認。
- 何らかの理由で「給与所得者の扶養控除等（異動）申告書」を提出していない人に用いる税額。

その月の社会保険料等控除後の給与等の金額		甲：扶養親族等の数								乙
以上	未満	0人	1人	2人	3人	4人	5人	6人	7人	税額
円	円	円 税額	円	円	円	円	円	円	円	円
290,000	293,000	8,040	6,420	4,800	3,190	1,570	0	0	0	50,900
293,000	296,000	8,140	6,520	4,910	3,290	1,670	0	0	0	52,100
296,000	299,000	8,250	6,640	5,010	3,400	1,790	160	0	0	52,900
299,000	302,000	8,420	6,740	5,130	3,510	1,890	280	0	0	53,700
302,000	305,000	8,670	6,860	5,250	3,630	2,010	400	0	0	54,500
305,000	308,000	8,910	6,980	5,370	3,760	2,130	520	0	0	55,200
308,000	311,000	9,160	7,110	5,490	3,880	2,260	640	0	0	56,100
311,000	314,000	9,400	7,230	5,620	4,000	2,380	770	0	0	56,900
314,000	317,000	9,650	7,350	5,740	4,120	2,500	890	0	0	57,800
317,000	320,000	9,890	7,470	5,860	4,250	2,620	1,010	0	0	58,800
320,000	323,000	10,140	7,600	5,980	4,370	2,750	1,130	0	0	59,800
323,000	326,000	10,380	7,720	6,110	4,490	2,870	1,260	0	0	60,900
326,000	329,000	10,630	7,840	6,230	4,610	2,990	1,380	0	0	61,900

（例）その月の課税対象額が30万2,000円で扶養親族が1人の場合、所得税額は6,860円。

※上記は令和6年分の源泉徴収税額表です。最新のものは、国税庁のホームページを参照してください。

住民税の納付の流れ

住んでいる地域社会の行政サービスを支える税金。「道府県民税（東京都は都民税）」と「市町村民税」があり、前年の所得に対する税額を当年に納める。従業員に代わって会社が納付するのが原則で、これを「特別徴収」という。税額は各従業員の居住する市区町村から「特別徴収税額通知書」で通知される。通知された税額の12等分の金額を給与から差し引き、翌月10日までに各従業員が居住する市区町村に納付する。

対象者：全従業員
納付先：従業員が住む市区町村

【 住民税の特別徴収の流れ 】

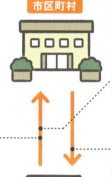

1月　給与支払報告書を送付
給与支払報告書（給与所得の源泉徴収票）の1・2枚目を、従業員が住む市区町村に1月31日までに提出。同じ市区町村に住む従業員分はまとめて提出できる。

5月　市区町村から納付書を受け取る
市区町村から会社宛に特別徴収税額通知書と納付書が送付される。希望すれば電子データでの受取も可能。納税義務者用の通知書は各従業員に配布する。

6月～翌年5月　毎月10日までに納付する
通知書の税額を12分割し、6月から翌年5月までの給与から毎月差し引く。差し引いた住民税は毎月10日までに、従業員が住む市区町村に納付する。
※6月分には、12分割したときの端数を加えるため、他の月と金額が異なる。

従業員が望めば、従業員自身が税額通知書を受け取り直接納付する"普通徴収"を選択することもできる。

COLUMN　【 e-Taxで税の申告・納付を電子化 】

e-Tax（イータックス）とは、国税庁が運営する国税の申告・納付システムです。所得税や法人税、消費税など国税に関する手続きをインターネット上で行うことができます。利用には、まず「利用者識別番号」と「電子証明書」を取得。それから国税庁が提供する専用ソフトを選び、申告・申請データを作成します。システムを整えれば、平日24時間、申告・納税が可能なので、経理担当者の負担軽減につながるでしょう。

給与関連の仕訳

給与に関しては、締め日、給与支給日、社会保険納付日、税金納付日で、それぞれ下記のような仕訳を行う。「未払金（P47）」と「預り金（P47）」という勘定科目を使うのがポイント。

給与締め日

（例）給与30万円と旅費交通費1万5,000円から、従業員負担分の保険料と税金を差し引いた額を、月末の支払予定金額とし未払費用として計上した。

給与賃金・旅費交通費（＝費用）の増加を借方に、未払金・預り金（＝負債）の増加を貸方に入れる。

借方	貸方
給与賃金　300,000	未払金　255,000
旅費交通費　15,000	預り金　60,000

給与支給日

（例）締め日に未払金として計上した金額を普通預金口座から従業員に支払った。

普通預金（＝資産）が減少したという事実を貸方に、未払費用（＝負債）を支払った（減少した）という理由を借方に入れる。

借方	貸方
未払費用　255,000	普通預金　255,000

社会保険料の納付日

（例）従業員から預かった保険料と、会社負担分の保険料をあわせた8万円を普通預金口座から支払った。

普通預金（＝資産）の減少を貸方に、預り金（＝負債）の減少と、法定福利費（＝費用）の増加を借方に入れる。

借方	貸方
預り金　40,000	普通預金　80,000
法定福利費　40,000	

税金の納付日

（例）従業員から預かった所得税と住民税を普通預金口座から支払った。

普通預金（＝資産）が減少した事実を貸方に、預り金（＝負債）が減少したからという理由を借方に。

借方	貸方
預り金（所得税）　10,000	普通預金　20,000
預り金（住民税）　10,000	

第5章　月々の給与計算と年末調整

165

賞与に対する控除

- ☑ 賞与からも社会保険料や雇用保険料、所得税が控除される
- ☑ 住民税は12分割で給与から控除するので、賞与からは控除しない
- ☑ 控除の計算方法は給与とは異なる部分もあるので注意

　賞与の場合も、保険料と税金を差し引いた残りを支給します。**社会保険料の計算**には、「**標準賞与額（総支給額の1,000円未満を切り捨てた額）**」を使います。

　注意が必要なのは、健康保険と厚生年金保険の標準賞与額の上限額です。健康保険料は年間累計額573万円、厚生年金保険料は1か月あたり150万円が上限です。超えた分は、差し引いて計算します。

保険料の計算

【 社会保険料の計算 】

標準賞与額 **各社会保険料率**
▶P160〜

- 賞与の支給額（所得税控除前）の1,000円未満を切り捨てた額。標準賞与額には上限が定められており、健康保険料と介護保険料は年間累計額（4月〜翌3月）で573万円、厚生年金保険料は1か月あたり150万円。超えた分は差し引いて計算する。
- 加入している健康保険の保険料率表などで確認する。

【 雇用保険料の計算 】

賞与額 **雇用保険料率**
▶P162

- 1,000円未満を切り捨てず全額で計算。
- 給与の保険料率・労使割合と同じ。

所得税の計算

$$(賞与額 - 保険料) \times 課税率$$

- 保険料 ▶P166
- 社会保険料・雇用保険料の控除額合計を差し引く。
- 課税率：源泉徴収税額表で税率を調べる

●賞与に対する源泉徴収税額の算出率の表

賞与の金額に乗ずべき率	扶養親族 0人		1人		2人	
	前月の社会保険					
	以上	未満	以上	未満	以上	未満
%	千円	千円	千円	千円	千円	千円
0.000	68 千円未満		94 千円未満		133 千円未満	
2.042	68	79	94	243	133	269
4.084	79	252	243	282	269	312
6.126	252	300	282	338	312	369
8.168	300	334	338	365	369	393
10.210	334	363	365	394	393	420
12.252	363	395	394	422	420	450

賞与の仕訳

「賞与引当金」と「賞与引当金繰入」の2つの勘定科目を使って仕訳を行う（引当金：P194～）。

賞与を見積もったとき

（例）夏季賞与の全従業員分支給額を500万円と見積もり、計上した。

賞与引当金（＝負債）が増加した事実を貸方に、賞与引当金繰入（＝費用）の増加という理由を借方に。

借方	貸方
賞与引当金繰入 5,000,000	賞与引当金 5,000,000

賞与を振り込んだとき

（例）夏季賞与が600万円となった。所得税と保険料160万円を控除し普通預金口座から支払った。

賞与（＝費用）の増加と賞与引当金（＝負債）の減少を借方に、普通預金（＝資産）の減少と預り金（＝負債）の増加を貸方に。

借方	貸方
賞与 1,000,000	普通預金 4,400,000
賞与引当金 5,000,000	預り金 1,600,000

※上記は令和6年分の「賞与に対する源泉徴収税額の算出率の表」です。最新のものは、国税庁のホームページを参照してください。

知識 毎日 適宜 毎月 毎年

報酬に対する控除

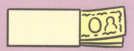

- ☑ 報酬と給与との違いを理解する
- ☑ 個人に報酬を支払うときは所得税の源泉徴収が必要な場合がある
- ☑ 源泉徴収額の計算方法を知っておく

「報酬」は「給与」とよく似ていますが、給与は支払う相手と雇用契約を結んでいることが前提。**雇用契約のない個人事業主や会社に支払うときは、報酬**となります。例えば、税理士や弁護士、ライター、デザイナーなどへの支払があります。

個人に報酬・料金を支払う際は、給与と同様、所得税の源泉徴収が必要な場合があります。報酬・料金の種類や支払う額に応じて、源泉徴収額を算出してください。差し引いた分は翌月10日までに税務署に納めます。

また、**毎年1月に、その前年分のすべての報酬額と源泉徴収額を記した「支払調書」を作成する**のも経理の仕事です。相手と税務署に1枚ずつ提出します。

報酬の支払の仕訳

（例）税理士の顧問料金20万円から源泉徴収し、普通預金口座から支払った。

普通預金（＝資産）が減少した事実を貸方に、支払手数料（＝費用）が増加したからという理由を借方に入れる。預り金（＝負債）の増加は貸方へ。

借方	貸方
支払手数料　200,000	普通預金　179,580
	預り金　20,420

（例）デザイナーへの外注費10万円から源泉徴収し、普通預金口座から支払った。

普通預金（＝資産）の減少と預り金（＝負債）の増加を貸方に、外注費（＝費用）の増加を借方に入れる。

借方	貸方
外注費　100,000	普通預金　89,790
	預り金　10,210

源泉徴収を行う主な報酬・料金

源泉徴収の対象となる報酬・料金	税額の計算方法
弁護士、税理士などの業務に関する報酬・料金 弁護士、公認会計士、税理士、社会保険労務士、企業診断員、測量士、建築士、不動産鑑定士など	支払金額× 10.21％ ※同一人に対し1回に支払う金額が100万円を超える場合、超過分は 20.42％で計算する  
原稿料、講演料など 原稿料、挿絵料、デザイン料、放送謝金、著作権の使用料、講演料、技芸・スポーツ・知識等の教授・指導料、投資助言業務にかかる報酬・料金、脚本料、翻訳料、通訳料、校正料など	
以下の職業運動家等の業務に関する報酬・料金 職業野球の選手、プロサッカーの選手、プロテニスの選手、プロレスラー、プロゴルファー、プロボウラー、自転車のレーサー、モデルなど	
芸能人などに支払う出演料等 ※一般の人に支払う出演料も含む	
専属契約などにより一時的に支払う契約金	
司法書士、土地家屋調査士、海事代理士の業務に関する報酬・料金	（支払金額−1万円）× 10.21％
外交員、集金人、電力量計の検針人の業務に関する報酬・料金	｛その月中の支払金額−（12万円−その月中の給与等の額）｝× 10.21％
事業の広告宣伝のための賞金	（その月中の支払金額−50万円）× 10.21％

退職金に対する控除

- ☑ 退職金の支払は義務ではなく、会社の就業規則に従う
- ☑ 退職金を支給する場合は、必ず申告書を提出してもらう
- ☑ 退職金からは保険料は控除せず、住民税と所得税を控除する

　給与については労働基準法で支払の5原則が定められていますが（P154）、退職金の支払義務はありません。社内の就業規則を確認しておきましょう。**支給する場合、控除するのは所得税と住民税だけで保険料は差し引きしません。税額も、給与などに比べて優遇されています。**

　住民税は「課税退職所得金額×10%」、所得税は「退職所得の源泉徴収税額の速算表」に課税退職所得金額を当てはめ、それぞれ控除額を算出してください。

　退職金の支給時には、「退職所得の受給に関する申告書」を、本人から提出してもらいます。提出していないと、所得税率が一律20.42%になるので、忘れずに提出してもらいましょう。

退職金に関する書類

  支払を受ける人が提出する

退職所得の受給に関する申告書

退職金を受ける人に、「退職所得の受給に関する申告書」に記入し提出してもらう。提出されていないと、退職所得控除が適用されず、源泉徴収税額が高額になるので注意。申告書の書式は国税庁HPからダウンロードできる。

  会社が提出する

退職所得の源泉徴収票・特別徴収票

会社は「退職所得の源泉徴収票・特別徴収票」を作成して、退職金の受給者に交付する。会社の役員に退職金を支払った場合は、税務署と市区町村にも提出しなければならない。受給者交付分については、どちらも期限は退職から1か月以内。

住民税の計算

まず課税退職所得金額を算出し、一律10%で計算する。

課税退職所得金額は、以下の計算式で算出する。
勤続年数によって退職所得控除額が変わることに注意。

$$\left(\text{退職金額} - \text{退職所得控除額}\right) \times \frac{1}{2}^{※}$$

勤続20年以下	勤続年数×40万円 （控除額が80万円未満になる場合は80万円とする）
勤続20年超	（勤続年数 − 20年）×70万円 + 800万円

※特定役員手当等（勤続年数5年以下の役員などに支給する退職手当等）には「×1／2」が適用されず、「退職金額−退職所得控除額」となる。また、短期退職手当等（勤続年数5年以下の従業員に支給する退職手当等）の場合、退職所得控除差引後の金額が300万円を超える部分には「×1／2」が適用されない。

(例)勤続年数30年、退職金支給額1,600万円の場合、退職所得控除額が「(30年− 20年)×70万円 + 800万円」で「1,500万円」。課税退職所得金額は「(1,600万円− 1,500万円)×1／2」で「50万円」となる。住民税額は「50万円×10%」で「5万円」となる。

所得税の計算

課税退職所得金額を「退職所得の源泉徴収税額の速算表」に当てはめて算出する。

●退職所得の源泉徴収税額の速算表

課税退職所得金額(A)		所得税率(B)	控除額(C)	税額＝((A)×(B) − (C))×102.1%
	1,950,000円以下	5％	—	((A)× 5％　　　　　　　)×102.1%
1,950,000円超	3,300,000円 〃	10％	97,500円	((A)×10％ −　　97,500円)×102.1%
3,300,000円 〃	6,950,000円 〃	20％	427,500円	((A)×20％ − 　427,500円)×102.1%
6,950,000円 〃	9,000,000円 〃	23％	636,000円	((A)×23％ − 　636,000円)×102.1%
9,000,000円 〃	18,000,000円 〃	33％	1,536,000円	((A)×33％ − 1,536,000円)×102.1%
18,000,000円 〃	40,000,000円 〃	40％	2,796,000円	((A)×40％ − 2,796,000円)×102.1%
40,000,000円 〃		45％	4,796,000円	((A)×45％ − 4,796,000円)×102.1%

(例)上記の例では課税退職所得金額は50万円。195万円以下に当てはめて「(50万円×5％)×102.1%」で所得税額は「2万5,525円」となる。

※上記は令和6年分の「退職所得の源泉徴収税額の速算表」です。最新のものは、国税庁のホームページを参照してください。

Column

抜かりなくスムーズに対応できるように
入社・退職時の手続き

従業員の入社・退職時には、さまざまな手続きが必要になる。
入社・退職の日付に注意して対応すること。

（ 入社時の手続き ）

会社が用意するもの
- 雇用契約書・労働条件通知書
- 扶養控除等申告書
- 採用通知書
- 入社誓約書

従業員に提出を求めるもの
- 雇用保険被保険者番号
  （雇用保険の加入歴がある場合）
- 基礎年金番号
- 給与振込先の口座番号
- 源泉徴収票（その年に所得がある場合など）
- マイナンバー

会社が提出するもの
- 健康保険・厚生年金保険被保険者資格取得届、健康保険被扶養者異動届（扶養家族がいる場合のみ）▶事務センターまたは年金事務所へ
- 雇用保険被保険者資格取得届 ▶ハローワークへ
- 特別徴収にかかる給与所得者異動届出書（従業員の前職場からの送付がある場合のみ）
▶追加事項を記入し、従業員の住んでいる市区町村へ
- 国民年金第3号被保険者関係届（扶養家族がいる場合のみ）▶日本年金機構へ

【 給与計算 】　※当月分当月払いを前提

社会保険料		住民税	
・入社月	・入社翌月	・新卒の場合	・中途採用の場合
▶雇用保険料のみを差し引く。	▶翌月から社会保険料の徴収を開始（原則として、社会保険料は翌月徴収のため）。	▶1年目は住民税の徴収はない。翌年6月から差し引く。	▶特別徴収にかかる給与所得者異動届出書の提出があった場合、入社月から差し引く。

社会保険料の「資格喪失日」に注意して控除額を算出する

　新卒入社の給与は、入社月は雇用保険料だけを控除し、翌月から社会保険料も控除します。**社会保険料の日割りはしません。**

　退職時はもう少し複雑です。**重要なルールは「①社会保険料は、前月分を当月の給与から控除する」「②資格喪失日を含む月は徴収しない」**の2つです。例えば7月15日付で退職した場合、資格喪失日は翌日の7月16日。②のルールにより、7月分の社会保険料は徴収せず、6月分だけを7月の給与から控除します。

　では7月31日付で退職した場合はというと、資格喪失日は翌日の8月1日です。②のルールにより、8月分の社会保険料は徴収しませんが、7月までは社会保険の被保険者となります。そこで①のルールの例外的に、6・7月分の社会保険料を7月分の給与から控除します。

退職時の手続き

会社が用意するもの
- 源泉徴収票
- 退職証明書（従業員から希望があれば）
- 離職票

従業員に提出を求めるもの
- 退職届
- PCなどの貸与品
- 健康保険証

会社が提出するもの
- 健康保険・厚生年金保険被保険者資格喪失届 ▶ 事務センターまたは年金事務所へ
- 雇用保険被保険者資格喪失届 ▶ ハローワークへ
- 特別徴収にかかる給与所得者異動届出書 ▶ 従業員の住む市区町村へ（従業員の転職先が決まっている場合は会社へ）

【給与計算】　※当月分当月払いを前提

社会保険料		住民税	
・月途中で退職	・月末に退職	・1～5月に退職	・6～12月に退職
▶退職月の給与から、前月分の社会保険料を差し引く。	▶退職月の給与から、前月・退職月分の2か月分の社会保険料を差し引く。	▶原則として退職月の給与や退職金から、残額を一括徴収する。	▶残額を一括徴収するか、本人または転職先に納付を引き継ぐか、本人に確認する。

同じ会社に同じ月に入社・退職したとき

社会保険の資格取得日は入社日、資格喪失日は退職日の翌日となり、同じ月に入社・退職しても、1か月分の社会保険料の納付が必要。

同じ月に別の会社に入社して厚生年金保険または国民年金に加入した場合、先に資格喪失した厚生年金保険料は還付される。

第5章　月々の給与計算と年末調整

知識　毎日　適宜　毎月　**毎年**

年末調整

- ☑ 年末調整の対象者とスケジュールを把握する
- ☑ 従業員の提出書類をもとに源泉徴収簿を作成する
- ☑ 源泉徴収票を作成し、市区町村や税務署に提出する

　会社は従業員に支払う給与や賞与からは、所得税の源泉徴収を行っています。しかし源泉徴収額はあくまでも概算にすぎません。そこで、**正しい所得税額との過不足を調整するために行うのが「年末調整」**です。対象者から回収した書類をもとに、年間所得や各控除額を「源泉徴収簿（P176～）」に記入し、正しい所得税額を確定します。過不足があれば12月分の給与で精算するのが一般的です。

　その後**「源泉徴収票（P178）」の作成も必要**です。

年末調整の対象となる人

下記①～④すべてに当てはまる人は年末調整の対象。パート・アルバイトも含まれる。

1　「給与所得者の扶養控除等（異動）申告書」を提出
申告書を提出していれば、契約社員、パート・アルバイトもすべて対象となる。

2　年収が2,000万円以下
賞与も含めて2,000万円以下の人が対象。超える場合は本人が確定申告を行う。

3　その年の年末まで在籍している
年の途中で退職した人は原則対象外。途中で海外転勤になった人や、心身障害・死亡による退職などの場合は対象となる。

4　その年に給与を受け取っている
12月中の給与を受け取ってから退職した人は対象となる。退職するパートの給与総額が103万円以下の場合も対象。

対象とならない人
- 例　ダブルワークなどで、自社以外の勤務先に「給与所得者の扶養控除等（異動）申告書」を提出している従業員
- 例　災害に遭い、災害減免法によって源泉所得税の徴収猶予や還付を受けている従業員　など

年末調整の流れ

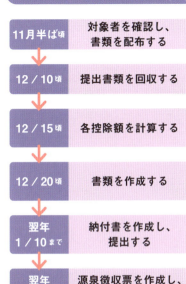

11月半ば頃	対象者を確認し、書類を配布する	年末調整の対象者を確認し、申告書類を配布する。書き方や期限をしっかり周知しておく。
12/10頃	提出書類を回収する	申告書類を回収し、記入漏れや証明書類の添付漏れなどがないかを確認する。
12/15頃	各控除額を計算する	申告書類をもとに、従業員一人ひとりの各控除額を計算する。前年の申告書の内容とつき合わせて、控除に関わる変化があるところは特にチェックを。
12/20頃	書類を作成する	従業員一人ひとりの情報をまとめて、源泉徴収簿を作成する。また、所得税の差額分を調整した12月支給分の給与明細書を作成する。
翌年 1/10まで	納付書を作成し、提出する	正確な税額が確定したら、「所得税徴収高計算書（納付書）」を作成・納付する。税額の過不足がなくても、税額「0円」の納付書を作成し、税務署に提出する。
翌年 1/31まで	源泉徴収票を作成し、提出する	源泉徴収票と給与支払報告書を作成する。源泉徴収票は1通を従業員に交付、もう1通は税務署に提出。給与支払報告書は従業員の住む市区町村に提出する。

従業員に提出してもらう書類

年末調整では、各従業員が記載した下記の書類を提出してもらわなければならない。中途入社の従業員は所得税の調整が必要なので、前の職場で発行された源泉徴収票も提出してもらう。

給与所得者の扶養控除等（異動）申告書

従業員が扶養する配偶者や親族に関する書類。配偶者控除や扶養控除、障害者控除、ひとり親控除などの適用を判断する。扶養する配偶者や親族がいなくても、年末調整対象者は全員提出しなければならない。

給与所得者の基礎控除申告書 兼給与所得者の配偶者控除等申告書 兼所得金額調整控除申告書

給与所得者が基礎控除や配偶者控除等の適用を申告するために必要な書類。基本的に、基礎控除はほぼすべての給与所得者が適用されるが、年間合計所得2,500万円を超える人は適用外となる。

給与所得者の保険料控除申告書

給与所得者が給与から天引きされる保険料以外に、個人または生計を同じにする親族の生命保険料や地震保険料等を支払っている場合に提出してもらう。各保険の控除証明書の添付も必要。

給与所得者の（特定増改築等）住宅借入金等特別控除申告書

住宅ローン控除（住宅借入金等特別控除）を受けるために必要な書類。税務署から本人に直接送付された申告書に記入して、会社に提出してもらう。

源泉徴収簿の作成

源泉徴収簿は、従業員一人ひとりの給与や賞与、社会保険料、雇用保険料などの情報を、1つの表にまとめたもの。年末調整の計算をミスなく簡単に行うことができる。

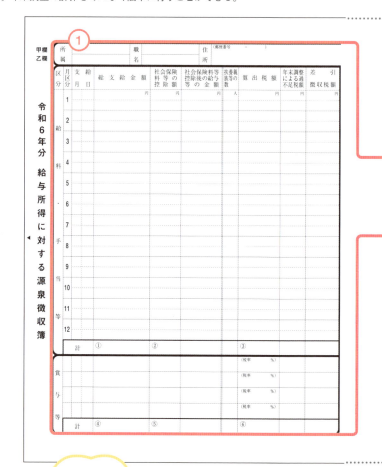

中途入社社員は、空欄に前職の会社名、総支給額、社会保険料と所得税の合計を記入します。

① 1年間の給与・賞与の合計額を算出

まず従業員の所属、職名、住所、氏名を記入。整理番号は記入しなくてもよい。次に1〜12月まで支払った給与の情報を記入する。給与明細に同じ情報が記載されているので、それを転記すればOK。

② 「給与所得控除後の給与等の金額」を求める

1年間の給与所得の合計を出したら、「給与所得控除額」を差し引いて、「給与所得控除後の給与等の金額」を求める。給与所得控除額は国税庁ホームページの表を参考に算出する。

Check!

「給与所得控除額」は所得額により異なる。計算の仕方は国税庁のホームページへ。計算方法が更新されていないか、毎年確認する。

税務署への提出義務はないが、作成した場合は7年間保存する。個人情報が記載されているため、慎重に取り扱い、保管も厳重に行うこと。

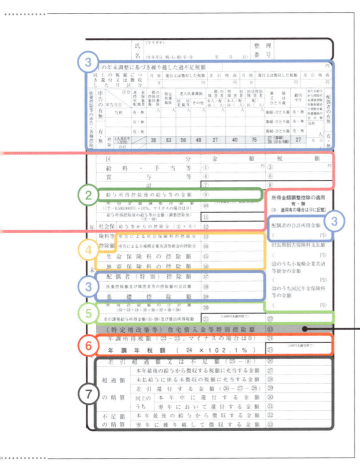

⑥ 1年間の実際の税額を算出
算出所得税額に、復興特別所得税102.1%を掛けたものが、年間の所得税額（年調年税額）となる。100円未満は切り捨てで処理する。

⑦ 年末調整する額を記入
納税すべき額を超えて納税していた場合、または本来納税すべき額に満たない場合、それぞれの欄に金額を記入し、精算する。

従業員から「給与所得者の住宅借入金等特別控除申告書」を提出されている場合は、控除額を記入する。

第5章 月々の給与計算と年末調整

③ 配偶者控除や扶養控除の額を算出
「給与所得者の扶養控除等（異動）申告書」の内容に従って、控除額を申告の有無のどちらかに丸をつけ、源泉控除対象配偶者、一般の控除対象扶養親族、特定扶養親族などを記入する。異動（転職）の場合は働き始めの日付を記入する。

④ 保険料等控除の額を算出
生命保険料、地震保険料、給与から差し引かれていない社会保険料などの控除保険額を、従業員が提出した「保険料控除申告書」を参考に記入する。

⑤「算出所得税額」を計算する
源泉徴収簿の「差引課税給与所得金額及び算出所得税額」を、国税庁ホームページの「算出所得税額の速算表」に当てはめて算出する。

Check!
「算出所得税額」は所得額により異なる。計算の仕方は国税庁のホームページへ。計算方法が更新されていないか、毎年確認する。

※より詳細な手順や疑問点は、国税庁の"年末調整がよくわかるページ"を参照してください。
URL: https://www.nta.go.jp/users/gensen/nencho/index.htm

177

源泉徴収票の作成

源泉徴収票は、1年間に会社が従業員に支払った給与・賞与の額や所得税額を確認する書類。

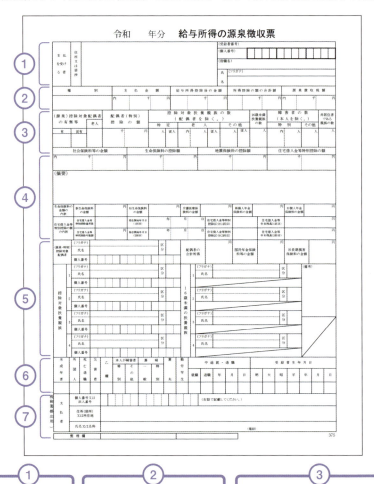

① 給与等の支払を受ける人の住所、氏名、マイナンバーなど。

② 種別は従業員は「給与・賞与」、役員なら「報酬」と記入。通勤手当は非課税扱いとなるため、支払金額に含めない。

③ 控除対象配偶者の有無、配偶者（特別）控除の額、控除対象扶養親族の人数を記入。障害者や外国などに居住している人がいれば、それぞれ人数を記入。

④ 保険料控除申告書や住宅借入金等特別控除申告書に基づいて、控除額や内訳を記入する。

⑤ 控除対象配偶者、控除対象扶養親族、16歳未満の扶養親族の氏名などを記入。

⑥ 支払を受ける人について、該当する項目があれば丸をつける。

⑦ 会社の住所、所在地、名称、電話番号、法人番号を記載する。

源泉徴収票の提出と期限

源泉徴収票は4枚組の複写式になっており、1枚は従業員に交付し、市区町村や税務署にも提出する。複数の従業員が同じ市区町村に住んでいる場合は、まとめて「給与支払報告書（総括表）」をつけて提出する。市区町村・税務署への提出期限は1月31日。

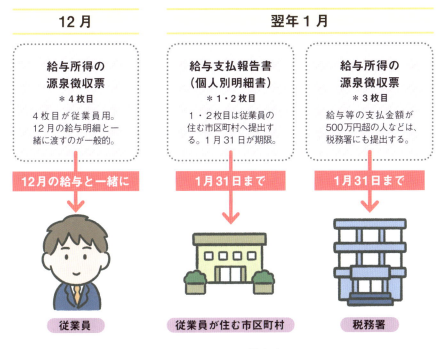

以下の支払調書もあわせて1月31日までに提出する

・退職所得の源泉徴収票と特別徴収票　　・報酬、料金、契約金及び賞金の支払調書
・不動産の使用料等の支払調書　　　　　・不動産等の譲受けの対価の支払調書
・不動産等の売買又は貸付けのあっせん手数料の支払調書　　など

COLUMN 【市区町村への提出はeLTAXを活用しよう】

e-Tax（P164）は国税のオンライン申告・納税システムですが、「eLTAX」は、住民税や法人事業税、固定資産税などの地方税に関する手続きを、インターネット上で行えるシステムです。利用には「電子証明書」「利用者ID」「専用ソフトウェア」が必要ですが、全国の地方自治体が共同で運営しているため、1つの電子窓口にデータを送信すればOK。各市区町村に書類を郵送する手間が省けるので、ぜひ活用してください。

Column

「働き控え」を減らして人手不足を解消
「年収の壁」対策

人手不足解消をめざし、政府は「年収の壁」対策に取り組んでいる。最新情報をチェックしておこう。

社会保険料の「年収の壁」を緩和する対策がスタート

アルバイトやパートで働く人の収入が一定額を超えた場合、所得税や社会保険料などの控除で手取りが減ることを「年収の壁」といいます。

社会保険料に関する主な壁は、「106万円の壁」と「130万円の壁」があります。

厚生年金保険の被保険者数51人以上*の事業所は、以下すべての条件に該当すれば社会保険料の支払義務が生じます。
①雇用期間2か月以上の見込み
②年収見込が106万円を超える
③週の所定労働時間が20時間以上

また、年収が130万円を超えると扶養から外れ、本人が国民年金保険・国民健康保険に加入し保険料を支払います。

人手不足が深刻化するなか、年収の壁を意識して"働き控え"をする人が多いことが問題となっています。そこで政府は令和5（2023）年10月から「年収の壁・支援強化パッケージ」を開始しました。

ただ、いずれも次期年金制度改正までの期間限定措置です。**最低賃金の引き上げとともに、今後の動向に注目しておきましょう。**

130万円の壁　対策と手続き

パート・アルバイトで働く人の年収が130万円以上になっても、一時的なものであると事業主が証明すれば、引き続き被扶養者でいることが可能となっている。収入増の理由としては繁忙期、従業員の退職・休職、突発的な大口案件など。収入の上限はないが、一人につき連続2回までしか認められない。事業主の証明書様式は、厚生労働省HPからダウンロードできる。

手続き方法

『被扶養者の収入確認に当たっての「一時的な収入変動」に係る事業主の証明書』を発行

様式はここからダウンロード

*2024年10月から社会保険適用の枠が拡大され、厚生年金保険の被保険者数51～100人の会社も対象となった。

106万円の壁　対策と手続き

年収106万円以上になっても手取り収入を減らさない対策として、次の2つが設けられている。

1 手当等支給メニュー

会社が従業員の保険料負担軽減の目的で手当の支給・賃金の増額を行うと、一人あたり最大50万円の助成が受けられる。

	要件	申請時期	1人あたりの助成額
1年目	①賃金*の15%以上分を労働者に追加支給すること	左欄の取り組みを6か月間継続後から2か月以内	6か月ごとに10万円×2回（大企業は7.5万円×2回）
2年目	②賃金*の15%以上分を労働者に追加支給する。かつ、3年目以降、以下③の取り組みを行う		6か月ごとに10万円×2回（大企業は7.5万円×2回）
3年目	③賃金（基本給）の18％以上を増額していること		6か月で10万円（大企業は7.5万円）

＊標準報酬月額または標準賞与額のこと。

2 労働時間延長メニュー

社会保険が適用される従業員に対し、会社が労働時間の延長や賃金の増額を行えば、一人あたり30万円の助成が受けられる。

週の所定労働時間の延長		賃金の増額	申請時期	1人あたりの助成額
4時間以上	かつ	ー	左欄の取り組みを6か月間継続後から2か月以内	6か月で30万円（大企業は22.5万円）
3時間以上4時間未満		5％以上		
2時間以上3時間未満		10％以上		
1時間以上2時間未満		15％以上		

1と2を組み合わせた「併用メニュー」も

1年目は手当等支給メニューの1年目の取り組みを実施し、2年目は労働時間延長メニューの取り組みを実施する。一人あたり最大50万円の助成が受けられる。

各メニューの詳細は厚生労働省ホームページへ

手続き方法

取り組み開始前

「キャリアアップ計画書」を管轄の労働局またはハローワークに提出

様式はここからダウンロード
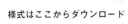

取り組みから6か月後

6か月経過から2か月以内に「キャリアアップ助成金支給申請書」を管轄の労働局またはハローワークに提出

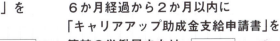
様式はここからダウンロード

章末Column

外国人労働者の雇用と労務

深刻な人手不足が続くなか、外国人労働者を積極的に雇用する会社が増えている。基本的な知識をおさえておこう。

保険料や税金に関する手続き

【 雇用保険 】

下記に当てはまる場合は国籍を問わず、加入対象となる。労災保険は一律で全員加入する。

提出書類 雇用保険被保険者資格取得届

適用対象者
❶ 1週間の所定労働時間が20時間以上であること
❷ 31日以上の雇用見込みがあること

資格取得届に記入する内容
・在留期間
・国籍・地域
・在留資格
・資格外活動許可の有無
・在留カード番号

雇用前に「在留資格」を必ず確認する

在留資格を持たない外国人を雇用していた場合は、企業側も不法就労助長罪に問われる可能性がある。事前に「在留カード」を見せてもらい、在留資格、就労制限の有無、有効期限、資格外活動許可などを確認しておく。

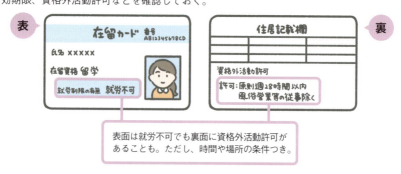

表面は就労不可でも裏面に資格外活動許可があることも。ただし、時間や場所の条件つき。

※外国人雇用におけるルールや手続きの詳細は、厚生労働省のホームページを参照してください。
https://www.mhlw.go.jp/stf/seisakunitsuite/bunya/koyou_roudou/koyou/jigyounushi/page11.html

外国人の雇用を検討する際、いちばん重要なのが「在留資格」の確認です。**在留カードで就労制限や業務内容、在留期限を必ず確認**してください。内定後、就労ビザが取得できたら雇用開始です。ハローワークに「**外国人雇用状況届出書**」**を提出**します。社会保険が適用される会社なら、国籍を問わず、社会保険加入の手続きも行ってください。なお、年金受給資格（10年間）を満たす前に帰国する場合は、支払った保険料の一部を返金してもらえる制度もあります（**脱退一時金**）。

【 健康保険・介護保険・厚生年金保険 】

下記の適用対象者は国籍を問わず加入。介護保険は40〜64歳が給与天引きの対象。

提出書類 被保険者資格取得届

適用対象者

❶ 1週間の所定労働時間及び1か月の所定労働日数が、同じ事業所で同じ業務を行っている正社員などの一般社員の4分の3以上

❷ 下記のすべてに該当した場合
・週の所定労働時間が20時間以上
・2か月を超える雇用の見込みがある
・月額賃金が8.8万円以上
・学生ではない（休学中、夜間学生は加入対象）
・厚生年金の被保険者数51人以上＊の企業に勤務している

＊令和6年10月より適用。それより以前は「厚生年金の被保険者数101人以上の企業」が該当

> 年金を受け取るために必要な加入期間である10年を満たさず外国人労働者が帰国する際には、支払った保険料の一部が返金される「脱退一時金」があります。外国人労働者に周知しましょう。

【 所得税・住民税 】

住所や日本国籍の有無などにより、所得税の課税対象範囲や税率が異なる。1月1日時点で日本に住所がある場合、日本人と同様に住民税が課税される。所得税は、非居住者も日本国内で得た所得には課税される。

所得税の課税対象範囲

● 居住者……すべての所得に対して
● 非永住者……日本国内での給与、親会社などからの賃金に対して
● 非居住者……日本国内で得た所得に対してのみ（税率は20.42％）

住民税

● 1月1日時点で日本に住所があれば、納付義務が発生する

＊非永住者とは、居住者のうち日本国籍がなく、過去10年間に日本国内に住所がある期間が計5年以下の人のこと。

第6章 決算の流れ

1年間の仕事の総まとめ

年次決算の基本と流れ
P186〜187

決算書の基本
P204〜211

と決算書の作成

年次決算業務
P188〜203

税務会計
P212〜217

知識

年次決算の基本と流れ

- ☑ 期末には年次決算を行う
- ☑ 決算書を作成し、利害関係者に報告する
- ☑ 3～6月が決算で忙しくなる会社が多い

　年次決算とは、1年間の企業活動に関わるお金の出入りを決算書にまとめる作業です。**取引先や金融機関、株主、従業員、消費者など、あらゆる利害関係者に、会社の経営成績と財政状態を報告するのが目的。株式会社は決算書の作成が義務づけられており、決算書をもとに納税額が確定されます。** もちろん経営者が適切な経営判断をするためにも重要です。

　決算書は「事業年度」ごとに作成します。事業年度とは、会社がお金の動きをまとめる期間（1年間）のことで、会社が自由に設定することができます。1月1日～12月31日が事業年度で12月決算の会社もあれば、事業年度が4月1日～3月31日で3月決算の会社もあります。

決算書の役割

決算書は、会社に関わる人達への重要な情報提供となる。

会社の方向を決定する
経営者
・会社の経営成績や財政状態の確認
・決算書をもとに経営分析（P240～）を行う

会社に出資する
株主
・経営は安定しているか
・これから事業の成長が見込めるか

決算書

商品やサービスを提供したりされたりする
取引先
・貸倒れ（売掛金が回収できないこと）の恐れはないか
・自社の経営成績や財政状態との比較材料に

会社にお金を貸し付ける
銀行
・十分な返済能力があるか
・倒産の恐れがないか

186

年次決算のスケジュール

3月上旬	決算準備 請求書や精算書の提出を社内・社外に依頼	
3月下旬	棚卸の準備 ▶P192〜	**STEP 1 合計残高試算表の作成** ▶P200〜 年次決算用の合計残高試算表をつくる。月次決算を行っている場合は、12か月分の試算表をまとめるだけ。
3月末日（決算日）	実地棚卸	
4月	3月の月次決算 決算整理 決算書作成	**STEP 2 決算整理** ▶P188〜 さまざまな残高の確認、引当金の計上、経過勘定科目の処理、固定資産の減価償却費の処理など。また、決算書を作成する資料になる試算表や決算表を作成する。
5月上旬	税務署から申告書類が届く	
5月下旬	株主総会 税務申告・納税 ▶P214〜	**STEP 3 決算書の作成** ▶P204〜 損益計算書、貸借対照表などの書類を作成する。
5月末日	税の納付期限	**STEP 4 決算報告** 税務署に申告書を提出する。請求があれば、株主や債権者にも決算書を開示することも。上場企業などは、決算書を開示する義務がある。
6月		

第6章 決算の流れと決算書の作成

※上記のスケジュールは、事業年度が4月1日〜3月31日、3月決算の会社の場合です。

決算整理の作業一覧

- ☑ 決算は帳簿の残高と実際の残高をあわせる作業がメイン
- ☑ 帳簿と実際の金額にずれがあれば修正
- ☑ 当期分と翌期以降分の取引を分けて計上する

　会社の活動はずっと続いていきますが、1年間の損益をまとめた決算書を作成するためには、決算日時点での売上や費用などを確定しなければなりません。

　そこで行われるのが「決算整理」です。**まず、決算日時点の勘定科目ごとの残高を確定します。それから仕訳がすんでいない取引については、当期分として計上するものと、翌期以降に計上するものとを分けて、適切に処理**します。

　決算整理が必要な項目は多岐にわたりますが、月次決算をきちんと行っていれば、年次決算での作業はそれほど多くはないはずです。

　ただし、棚卸資産の確定においては、実際に数量を数える「実地棚卸」が必要。また、売掛金や買掛金の確定など、取引先に確認しなければならないこともあります。スケジュールを確認し、書類の提出などを早めに依頼しておきましょう。

年次決算にまつわる用語

決算日
会社の会計期間の終了日のこと。会計期間が4～3月の会社なら、決算日は3月31日となる。

会計期間
決算書を作成するにあたり対象となる一定の期間。会社が自由に決めることができる。事業年度ともいう。

期首
会計期間の最初の日。会計期間が4～3月の会社では、4月1日が期首となる。

期末
会計期間の最後の日。会計期間が4～3月の会社では、3月31日が期末となる。

決算書
会社の経営状態や財政状態を表す書類のこと。いわば会社の成績表。正式には財務諸表や計算書類といわれる。

決算整理する主な勘定科目

勘定科目	内容
☐ 現金	実際の残高と帳簿上の残高を照合する。
☐ 預金	残高証明書と、実際の預金残高とにずれがないか確認する。
☐ 売掛金・買掛金	未回収の売掛金と、まだ支払っていない買掛金の残高を確定する。取引先に「残高確認書」を送付して確認することも。
☐ 売上原価	棚卸資産の金額の確定後に算定する。計算の仕方は「期首商品棚卸高＋当期商品仕入高－期末商品棚卸高」（P193）。
☐ 売上高	請求書を締め切った後に発生した売上がないかどうかチェックする。
☐ 仕入高	各部門の集計金額とつき合わせ、金額が合っているかどうか確認する。
☐ 棚卸資産	実地棚卸（P192）を行い、商品有高帳（P29）などの帳簿とずれがないか確認する。
☐ 仮払金・仮受金	内容を確認し、正しい勘定科目に修正する。残高がゼロになるようにする。
☐ 前払費用・未払費用	当期に発生した費用が適切に損益計算書に計上されるために使われる勘定科目。経過勘定ともいう（P196～）。
☐ 受取利息・配当金	受取利息については、当期の期間に対応する金額のみを計算して計上する（経過勘定：P196～）。配当金については、源泉所得税が控除されているか、相手の勘定科目が適切かどうかなどを確認する。
☐ 引当金	貸倒引当金、賞与引当金、退職給付引当金などを計上する（P194～）。
☐ 固定資産	資産の現物を見て、使用状況や消耗具合などを確認。資産ごとの耐用年数に応じ、減価償却（P198～）を計算する。
☐ 消費税	当期中に預かった消費税から支払った消費税を差し引き、納付する消費税額を算出（P217）。未払消費税として計上する。
☐ 有価証券	売買目的のものは、期末時点での時価との差額を「評価損益」という勘定科目で計上する。
☐ 雑収入・雑損失	何を雑収入・雑損失として計上したのか、内訳を把握しておく。また、他の勘定科目に振り分けるべきものがないか再度確認する。
☐ その他の財産	手形、各種証書、未使用の収入印紙などの資産の合計金額を確認する。

第6章 決算の流れと決算書の作成

あらゆる残高の確認

- ☑ 決算整理を行うにあたって、まずはさまざまな残高の確認を行う
- ☑ 預金・借入金の残高は金融機関に問い合わせる
- ☑ 売掛金・買掛金は取引先に問い合わせる場合も

預金や借入金は、金融機関から**残高証明書**（ざんだかしょうめいしょ）を取り寄せて、帳簿と照らし合わせます。

売掛金と買掛金について、社内での確認では不十分な場合、取引先に残高確認書を送付し金額の確認をすることもあります。取引件数が多すぎる場合は、残高が一定額以上の会社はすべて確認し、一定額未満の会社は一部のみを抽出して確認する方法も（サンプリング）。

確認する主な残高

在庫
商品、製品、原材料などを対象に、実際に現地に赴いて数や量を数える実地棚卸（P192）を行う。

現金
現金実査を行い、実際の額と帳簿上の額をつき合わせる。もしずれがあった場合、P191の方法で調整する。

預金
当座預金は通帳がないので、すべての銀行に残高証明書を発行してもらう。

売掛金・買掛金
状況によっては、残高確認書をもらい総勘定元帳の残高と照合する。不一致の場合 P191 の方法で調整する。

借入金
金融機関から残高証明書を取り寄せ、帳簿と照合を行う。

固定資産
総勘定元帳の固定資産の未償却残高と、固定資産台帳の金額を照合する。

貯蔵品
切手、収入印紙などの期末未使用分の合計を確認する。その後、流動資産として計上する。

残高が合わないときのチェック方法

【 現金が合わないとき 】

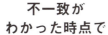

不一致が わかった時点で
「現金過不足」で仕訳を行い、実際の金額と合わせる。原因がわかれば正しい勘定科目に修正する。
▶P107

決算まで原因が 不明なら
「現金過不足」を「雑損失」または「雑収入」に切り替える。
▶P107

【 預金が合わないとき 】

CASE 1
普通預金が合わない
担当者の仕訳にミスがあった場合が多い。借方・貸方が逆になっていないか、金額を間違えていないかなどを確認する。
▶P107

CASE 2
当座預金が合わない
まだ取引先が銀行に小切手を持ち込んでいない、または銀行の処理が済んでいないなど、外部の要因が多い。取引先や銀行に問い合わせる。

【 売掛金・買掛金が合わないとき 】

取引先に残高確認書を送付して問い合わせた残高と実際の残高が異なる場合、主に以下のような原因が考えられる。

☐ **処理の漏れや誤り**
処理するときに金額を間違えた、または取引後に発生した値引や返品を計上するのを忘れている。

☐ **債権・債務の計上時期**
会社によって売上・仕入の計上時期が異なることにより（P113、121）、取引の計上に差異が出る場合も。

☐ **端数の処理**
消費税の端数処理の仕方が会社ごとに異なるため、数円～数十円の差額が生じる。

☐ **締め日**
取引先と締め日が異なる場合、取引の合計金額に差異が出ることも。

第6章 決算の流れと決算書の作成

棚卸と
売上原価の計算

知識 毎日 適宜 毎月 **毎年**

- ☑ 年次決算では、商品などの数を実際に数える実地棚卸を行う
- ☑ 1年間の売上に対し仕入がいくらかかったかという「売上原価」を算出する
- ☑ 売上高から売上原価を引き、「売上総利益」を確定させる

　年次決算の損益計算書では「1年間の売上や仕入がいくらで、いくら儲かったか」などを明らかにします。月次決算でも損益計算書を作成しますが、その年間のバージョンをつくると考えてください。

　そのために必要なことの1つが「実地棚卸」。保管されている商品や原材料などを数え、帳簿と照合します。月次決算は帳簿上ですますことも多いのですが、年次決算では実際の残高も考慮します。

　把握した在庫の数から「期末商品棚卸高」を算出。「期首商品棚卸高」と「当期商品仕入高」の合計金額から、期末商品棚卸高を差し引いて「売上原価」を求めます。**売上高から売上原価を差し引くと、当期の「売上総利益」が確定します。**

実地棚卸の流れ

1　棚卸の準備

日程や段取りなどのスケジュール、分担や責任者などを事前に決めておく。商品名や数量を記入する棚卸表を準備し、倉庫などを整理しておく。

2　棚卸を実施

実際に商品などの数量や状態を数えて、棚卸表に記入していく。カウント担当と棚卸担当の2人1組になって行うと効率的。

3　棚卸表の集計

実地棚卸で記入した棚卸表を回収。それぞれの棚卸表の数値を合計する。

4　帳簿と照合

帳簿上の在庫数と照合。ずれがある場合、主に以下の原因が考えられる。

- ☐ 紛失
- ☐ 実地棚卸での
　　数え間違い
- ☐ 出庫・受注ミス
- ☐ 盗難

売上総利益の算出

売上総利益(粗利)は、売上高から売上原価を差し引いて求める。企業が商品やサービスの販売を通じて上げた儲けがわかる。

売上総利益(粗利) = 売上高 − 売上原価

売上高の算出 以下の要領で、1年間の売上高を算出する。
- ☑ 商品またはサービスの単価×販売数量　または
- ☑ 総売上−値引−返品−割戻　など

売上原価の算出 以下の計算式で算出できる。

Ⓐ**期首商品棚卸高** ＋ Ⓑ**当期商品仕入高** − Ⓒ**期末商品棚卸高**
期首時点の商品在庫。　　当期の仕入額の合計。　　期末時点の商品在庫。

- ☑ 当期のⒶ期首商品棚卸高(前期のⒸ期末商品棚卸高)を帳簿で確認する。
- ☑ 1年間の仕入高の合計額を算出する（＝Ⓑ当期商品仕入高）。
- ☑ 実地棚卸を行い、Ⓒ期末商品棚卸高を確定する。
- ☑ 上記の計算式に当てはめ、売上原価を算出する。

Ⓐ＋Ⓑと、売上原価＋Ⓒの**合計額はつり合う**

売上原価を算出するときの仕訳

決算時には、「商品」として借方に計上されているⒶ期首商品棚卸高を「仕入」として借方に振り替える（①）。また、Ⓒ期末商品棚卸高を「仕入」で貸方に計上する（②）。月中ですでにⒷ当期商品仕入高として仕入が借方に計上されているので、借方でⒶ＋Ⓑ−Ⓒが行われ、結果、仕入勘定で売上原価が計上できる。

（例）**期首商品棚卸高は 200 万円（①）。**
　　　決算で棚卸を行ったところ、期末商品棚卸高は 250 万円だった（②）。

①の仕訳：期首商品棚卸高を仕入に振り替える。仕入（＝費用）を借方に入れ、繰越商品（＝資産）を貸方に入れる。②の仕訳：期末商品棚卸高を繰越商品として計上する。繰越商品（＝資産）を借方に入れ、仕入（＝費用）を貸方に入れる。

	借方	貸方
①	仕入　2,000,000	繰越商品　2,000,000
②	繰越商品　2,500,000	仕入　2,500,000

第6章　決算の流れと決算書の作成

知識　毎日　適宜　毎月　**毎年**

引当金の計算

- ☑ 引当金とは、リスクに備えて将来の損失や負担をあらかじめ計上するもの
- ☑ 貸倒引当金は売掛金が回収できないリスクに備える
- ☑ 賞与引当金や退職給付引当金は賞与や退職金の支払に備える

　一度に多くの退職者が出たり、大きな売掛金が回収できなかったりすると、会社の経営が圧迫されます。年ごとの損益に大きなバラつきが出るのも問題です。

　そこで、**将来生じる可能性の高い費用や損失は金額を合理的に見積もり、当期の「引当金」として計上**します。

　代表的な引当金が「貸倒引当金」です。取引先の倒産で売掛金の回収ができなくなる可能性が高い場合、決算日に見込みの金額を費用として計上します。

　貸倒引当金の仕訳は「借方：貸倒引当金繰入、貸方：貸倒引当金」で行います。**2回目以降貸倒引当金を計上するときは貸倒引当金の期末残高に対する差額分のみを繰り入れます**。この処理方法を「差額補充法」といいます。

　以前は「洗替法」というものもありましたが会計制度上は廃止され、現在は事実上、差額補充法のみです。

引当金の要件と種類

引当金の要件は下記の通り。評価性引当金と負債性引当金の2種類がある。

要件

❶ 将来の特定の費用または損失である
❷ 発生が当期以前の事象に起因する
❸ 発生の可能性が高い
❹ 金額を合理的に見積もることが可能である

種類

損失に備える

評価性引当金

将来の損失に備えるため、資産から控除される引当金。

・貸倒引当金
・投資損失引当金　など

支出に備える

負債性引当金

将来予想される費用のために計上する引当金。

・賞与引当金
・退職給付引当金
・製品保証引当金　など

引当金の仕訳

期末時点での貸倒引当金残高と、新たに算出する貸倒引当金との差額を計上する「差額補充法」で仕訳を行う。

【 差額補充法 】

前期末
¥100,000
貸倒引当金を設定する。

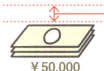
当期末（決算整理前）
¥50,000
当期中に貸し倒れが発生し貸倒引当金が減った。

当期末（決算整理後）
¥200,000
当期分の貸倒引当金の金額を設定した。

決算整理では、この**差額分**のみを貸倒引当金として追加計上する。

(例) 売掛金の期末残高80万円に対し、5%の貸倒引当金を計上する。期首の貸倒引当金の残高は3万円である。

期末残高との差額を貸倒引当金繰入として計上。貸倒引当金（＝マイナスの資産）の増加を貸方に、貸倒引当金繰入（＝費用）の増加を借方に入れる。

借方	貸方
貸倒引当金繰入 10,000	貸倒引当金 10,000

貸し倒れが発生したときの仕訳

実際に貸し倒れが発生したときは、以下の方法で仕訳を行う。

【 貸倒額が貸倒引当金より大きい場合 】

(例) 貸倒引当金が5万円のとき、6万円の貸し倒れが発生した。

売掛金（＝資産）の減少を貸方に入れる。貸倒引当金の消込を行い、貸倒引当金で足りない分の損失となる貸倒損失（＝費用）の増加を借方に入れる。

借方	貸方
貸倒引当金 50,000	売掛金 60,000
貸倒損失 10,000	

【 貸倒額が貸倒引当金より小さい場合 】

(例) 貸倒引当金が5万円のとき、2万円の貸し倒れが発生した。

売掛金（＝資産）の減少を貸方に入れる。計上していた貸倒引当金を借方に入れ、消込を行う。

借方	貸方
貸倒引当金 20,000	売掛金 20,000

第6章 決算の流れと決算書の作成

経過勘定の処理

- ☑ 経過勘定とは、期をまたぐ費用・収益を適切な期間に振り分ける勘定科目
- ☑ 前もって支払った「前払費用」、これから支払う「未払費用」
- ☑ 前もって受け取った「前受収益」、これから受け取る「未収収益」

「経過勘定」とは、収益や費用を当期に入れるか、翌期に入れるかを適切に振り分けるために使用する勘定科目です。当期の損益を正しく把握するために、お金のやりとりの有無ではなく、"当期中に発生した取引かどうか"で判断して振り分けます。

仕訳の勘定科目には「前払費用」「未払費用」「前受収益」「未収収益」の4つがあります。例えば、毎月の家賃は、翌月分を当月に支払うのが一般的です。そのため、12月決算の場合、12月に支払った家賃は翌1月分の家賃なので「前払費用」として計上します。

ただし、支払日から1年以内の家賃や保険料などで重要性の低いものは経過勘定を使わず、そのまま費用として計上することも税務上は認められています。

経過勘定の仕訳

前もって支払った費用

前払費用

（例）当期10月に、翌期9月末までの火災保険料12万円を普通預金から支払った。
①期中時：普通預金（＝資産）の減少を貸方に、支払保険料（＝費用）の増加を借方に入れる。
②決算時：翌期分の支払保険料を前払費用（＝費用）として振り替える。

※ P196-197の例は、3月決算の会社を想定しています。

これから支払う予定の費用

未払費用

（例）当期9月に60万円を借り入れ、利息1万8,000円とともに翌期8月に一括で返済予定。

①期中時：普通預金（＝資産）の増加を借方に、借入金（＝負債）の増加を貸方に入れる。
②決算時：当期分の支払利息（＝費用）を未払費用（＝費用）として計上する。

費用の見越：決算時に、当期分にあたる7か月分（1万8,000円×$\frac{7}{12}$か月＝1万500円）の支払利息を未払費用として計上する

	借方	貸方
① 期中時	普通預金 600,000	借入金 600,000
② 決算時	支払利息 10,500	未払費用 10,500

前もって受け取った収益

前受収益

（例）当期1月に翌期12月までの1年分の家賃240万円を受け取った。

①期中時：普通預金（＝資産）の増加を借方に、受取家賃（＝収益）の増加を貸方に入れる。
②決算時：翌期分の受取家賃を前受収益（＝収益）として振り替える。

収益の繰越：決算時に、翌期分にあたる9か月分（240万円×$\frac{9}{12}$か月＝180万円）の受取家賃を前受収益に振り替える

	借方	貸方
① 期中時	普通預金 2,400,000	受取家賃 2,400,000
② 決算時	受取家賃 1,800,000	前受収益 1,800,000

これから受け取る予定の収益

未収収益

（例）1月に40万円を貸し付け、翌期6月に利息1万2,000円とともに一括で返済を受ける。

①期中時：普通預金（＝資産）の減少を貸方に、貸付金（＝資産）の増加を借方に入れる。
②決算時：当期分の受取利息（＝収益）を未収収益（＝収益）として計上する。

収益の見越：決算時に、当期分にあたる3か月分（1万2,000円×$\frac{3}{6}$か月＝6,000円）の受取利息を未収収益として計上する

	借方	貸方
① 期中時	貸付金 400,000	普通預金 400,000
② 決算時	未収収益 6,000	受取利息 6,000

第6章 決算の流れと決算書の作成

固定資産の減価償却

- 固定資産は減価償却を行う
- 定額法は毎年一定金額を償却する償却方法
- 定率法は未償却残高に対して一定割合を償却する償却方法

　実地棚卸を行ったように、事務所や社用車、パソコンなどの固定資産も現物の確認が必要です。固定資産台帳と照らし合わせて、計上漏れや廃棄、売却、紛失などがないかを管理者に確認しましょう。

　また、**耐用年数が1年以上かつ取得価額が10万円以上の有形固有資産は「減価償却」の対象**です。取得価額を、数年にわたって費用として計上していきます。**定額法や定率法で減価償却費を算出**しま

しょう。月次決算で減価償却費を毎月予定計上している場合は、費用を確定させる仕訳が必要です。決算月までの減価償却費の合計額（減価償却累計額）を消し込み、確定した減価償却費を新たに計上するなどの処理を行います。

　会社が持つ償却資産には**「償却資産税」**がかかります。1月1日時点の償却資産が対象で、**毎年1月31日までに「償却資産申告書」**を作成し提出します。

定額法による計算

毎年一定額の減価償却費を計上していく方法。取得価額に、資産の耐用年数ごとに決められた償却率を掛けて償却費を算出する。

【計算式】

取得価額（▶P140） × 定額法の償却率

耐用年数ごとに定められている。

未償却残高 ／ 償却額

定率法による計算

毎年一定割合ずつ減価償却費を計上する方法。償却額が償却保証額（償却額がこの金額以下にならったら償却しないというライン）を下回る場合、計算方法が切り替わる。

減価償却の仕訳

減価償却の仕訳方法には、直接法と間接法の2種類がある。

【 直接法 】

各固定資産から直接、減価償却費を差し引く方法。貸借対照表を見ると、固定資産のその時点での未償却残高がわかる。

（例）耐用年数4年の社用車（車両運搬具）の減価償却費50万円を直接法で仕訳した。

車両運搬具（＝資産）の減少を貸方に、減価償却費（＝費用）の増加を借方に入れる。

借方	貸方
減価償却費　500,000	車両運搬具　500,000

【 間接法 】

「減価償却累計額」の勘定科目で、減価償却費を仕訳する方法。貸借対照表を見ると、各固定資産の取得価額と減価償却累計額がわかる。

（例）耐用年数4年の社用車（車両運搬具）の減価償却費50万円を間接法で仕訳した。

減価償却累計額の増加を貸方に、減価償却費（＝費用）の増加を借方に入れる。

借方	貸方
減価償却費　500,000	減価償却累計額　500,000

第6章　決算の流れと決算書の作成

知識 毎日 適宜 毎月 毎年

試算表の作成

- ☑ 試算表は、決算書をつくるもととなる
- ☑ 精算前と精算後に試算表を作成する
- ☑ 合計試算表、残高試算表、合計残高試算表の3種類がある

決算書を作る前の準備として大切なのが「試算表」と「精算表（P202〜）」の作成です。**試算表とは、すべての勘定科目の借方と貸方の数値を一覧表にまとめたもので、「合計試算表」「残高試算表」「合計残高試算表」の3つ**があります。

日々の業務で仕訳帳から総勘定元帳へきちんと転記されていれば、借方と貸方の数値は必ず一致します。帳簿ミスを早めに見つけるために、月次決算でも作成しておくとよいでしょう。**会計ソフトなら自動的に試算表を作成できます。**

合計試算表

各勘定科目の借方合計と貸方合計をまとめたもの。会社が行った取引の合計額が把握できる。借方の合計額と貸方の合計額は一致する。

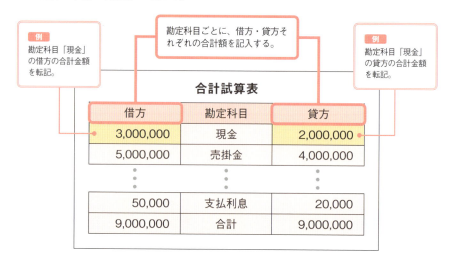

例：勘定科目「現金」の借方の合計金額を転記。

勘定科目ごとに、借方・貸方それぞれの合計額を記入する。

例：勘定科目「現金」の貸方の合計金額を転記。

合計試算表

借方	勘定科目	貸方
3,000,000	現金	2,000,000
5,000,000	売掛金	4,000,000
⋮	⋮	⋮
50,000	支払利息	20,000
9,000,000	合計	9,000,000

残高試算表

各勘定科目の借方または貸方の残高を集計した表。決算書などの作成時、そのまま転記して使用できる。合計試算表と同様、それぞれ借方と貸方の合計額が一致する。

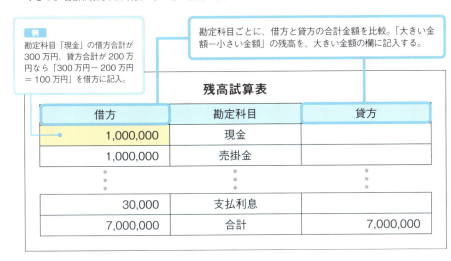

合計残高試算表

合計試算表と残高試算表が組み合わさった表。

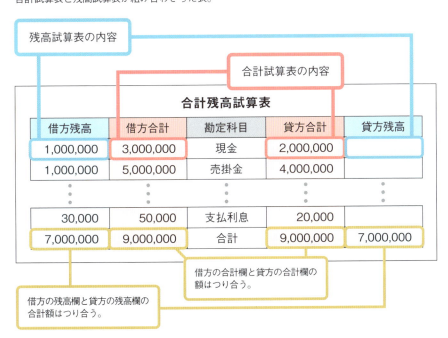

精算表の作成

知識 毎日 適宜 **毎月 毎年**

- ☑ 精算表に決算整理の修正をまとめる
- ☑ 決算整理前の金額との計算結果をまとめる
- ☑ 当期純利益（P208）を算出する

複雑な決算手続きをいきなり行うとミスが生じやすいので、**まずは決算整理で行った処理を「精算表」にまとめます**。「試算表」の欄に決算整理前の残高試算表の金額を、「修正記入」の欄に決算整理（P188～）の金額を記入し、「損益計算書」・「貸借対照表」の欄は計算結果を記入します。この金額をもとに、損益計算書と貸借対照表を作成します。

なお、**会計ソフトを導入していれば、精算表をつくらずとも、すぐに決算書を作成できます**。

精算表記入時の基本ルール

試算表と修正記入の欄の計算結果を、損益計算書または貸借対照表の欄に記入する。

精算表 （単位：千円）

勘定科目	試算表		修正記入		損益計算書		貸借対照表	
	借方	貸方	借方	貸方	借方	貸方	借方	貸方
Ⓐ 現金	400		➕ 100				＝ 500	
Ⓑ 現金過不足	9			➖ 5	＝ 4			
売掛金								

Ⓐ 借方同士、貸方同士の場合
400（借） ＋ 100（借） ＝ 500（借）
金額を合計し、2つの金額と同じほう（借方 or 貸方）に記入する。

Ⓑ 借方と貸方の場合
9（借） － 5（貸） ＝ 4（借）
大きい金額から小さい金額を差し引き、大きい金額と同じほう（借方 or 貸方）に記入する。

精算表の作成方法

貸借対照表の勘定科目の計算結果は「貸借対照表」の欄に、損益計算書の勘定科目は「損益計算書」の欄に記入する（STEP 3）。損益計算書と貸借対照表の欄のみ、合計金額が一致しない。一致しない額が当期純利益となるので、当期純利益の行にその金額を記入する（STEP 5）。損益計算書と貸借対照表の欄も合計金額が一致し、精算表の完成となる。

知識 毎日 適宜 毎月 毎年

決算書の基本

- ☑ 決算で作成する書類の種類を知っておく
- ☑ 法律ごとに作成する書類が異なる
- ☑ 非上場の中小企業は法人税法と会社法で定められた書類を作成

　決算書は、会社の1年間の経済活動の結果を社内外に報告・公開する成績表のようなもの。金融機関や投資家、取引先は決算書から経営分析を行い、今後の融資や投資、取引をどうするか判断しますし、税務署は納税額を確認します。また、社内で中長期的な経営課題を検討したり、経営者が経営判断を下したりするうえでも欠かせないものです。

　決算書は1枚の書類ではなく、さまざまな種類があり、会社法などで作成すべき書類が定められています。**すべての会社に作成が義務づけられているのは、「貸借対照表（B/S）」「損益計算書（P/L）」「株主資本等変動計算書」と、「個別注記表」「事業報告」「附属明細書」**です。

法律ごとに定められた作成書類

	法人税法	会社法	金融商品取引法
対象	すべての会社	すべての会社	上場企業
提出先	所轄の税務署	株主総会等	内閣総理大臣 （所轄の財務局）
作成する書類	・貸借対照表 ・損益計算書 ・株主資本等 　変動計算書　　など	・貸借対照表 ・損益計算書 ・株主資本等 　変動計算書 ・個別注記表 ・事業報告 ・附属明細書　　など	・貸借対照表 ・損益計算書 ・株主資本等 　変動計算書 ・キャッシュフロー 　計算書 ・附属明細表　　など

決算書類の特徴と役割

決算書❶
貸借対照表（B／S）
会社の財政状態を表す表。現金や商品、建物などの資産、借入金などの負債、資本金などの純資産がどのくらいあるかを示している。

決算書❷
損益計算書（P／L）
会社の1年間の経営成績を示す書類。収益と費用がどのくらいで、差額として利益がどのくらいだったのかを表している。

決算書❸
キャッシュフロー計算書
会社の資金（キャッシュ）の流れを示す書類。「営業活動、投資活動、財務活動」に分けて、資金の増減を表す。上場企業は作成が義務づけられている。

決算書❹
株主資本等変動計算書
貸借対照表の項目のうち、純資産の変動をまとめたもの。資本金、資本準備金、利益準備金などの増減額とその理由を示している。

個別注記表
決算書に関する重要な会計方針や、財産・損益を正確に判断するための事項をまとめたもの。

事業報告
事業年度ごとの年次報告書。会社の経営環境や経営目標などがまとめられている。

附属明細書
貸借対照表や損益計算書、株主資本等変動計算書などの決算書類の情報を補足するための書類。

決算書は、企業会計原則（P58〜）に基づいて公正妥当に作成することが求められます。そのために、日々の経理処理から企業会計原則を遵守することが大切です。

第6章 決算の流れと決算書の作成

貸借対照表（B／S）

- ☑ 貸借対照表で、会社の財政状態がわかる
- ☑ 資産、負債、純資産の３ブロックに分かれる
- ☑ 流動資産／固定資産、流動負債／固定負債の違いを理解する

　貸借対照表は３つのブロックで構成されます。**右側にあるのが「負債の部」と「純資産の部」で、資金をどのように調達したかを表します**。負債は返済義務のあるもの、純資産は返済義務のないものです。**左側は「資産の部」で資金をどのように使ったかを表します**。調達した額（右）と使った額（左）は必ず一致するため「バランスシート」とも呼ばれます。

　「流動資産」「流動負債」には、会社の経済活動で生じた資産や負債、また、１年以内に現金化または返済する資産や負債も入ります。「固定資産」「固定負債」は、１年を超えて現金化または返済する資産や負債です。**イメージとして、現金化しやすいものから順に記載するルール**です。

B／Sの経営分析

各項目を見比べ経営の安定性をチェック

❶ 流動資産 と ❸ 流動負債 から
短期的な支払能力がわかる
流動資産を流動負債で割った比率が１以上なら、短期的な支払能力に問題なしとされる（流動比率：P242）。

❸ 流動負債 と ❹ 固定負債 から
負債の安全性がわかる
流動負債が多い状況は、短期間で多額の返済を迫られるため望ましくない。負債のうち、固定負債の割合を増やしていくことが重要。

負債の部 と 純資産の部 から
倒産しにくさがわかる
負債と純資産の合計額のうち、純資産が占める割合が30％を超えると経営が安全とされる（自己資本比率：P242）。

貸借対照表を構成する3ブロック

貸借対照表は、「資産の部」「負債の部」「純資産の部」の3つのブロックで構成される。この3つの割合から、会社の財政状態を把握することができる。

会社の資産

会社が保有している財産。日々の営業活動から生じ、また1年以内にすぐ現金化できる流動資産と、現金化に1年以上かかる固定資産に分けられる。

調達資金のうち返済義務があるもの

将来返済しないといけないもの。支払期限が1年以内の流動負債と、1年を超える固定負債がある。

貸借対照表
（20××年3月31日現在）　　　　　　　　（単位：千円）

資産の部

	科目	金額
流動資産 ❶	現金	5,000
	普通預金	6,000
	売掛金	1,500
	有価証券	2,000
	商品	1,000
	短期貸付金	500
	未収入金	
	立替金	
固定資産 ❷	［有形固定資産］	
	建物	3,000
	車両運搬具	
	［無形固定資産］	
	ソフトウェア	
	［投資等］	10,000
	投資有価証券	
	保険積立金	
	出資金	
	施設利用権	
	ソフトウェア	100
資産合計		29,100

負債の部

	科目	金額
流動負債 ❸	支払手形	2,000
	買掛金	1,500
	短期借入金	2,000
	未払金	
	預り金	
	仮受金	
固定負債 ❹	長期借入金	3,000
負債合計		8,500

純資産の部

科目	金額
［株主資本］	
資本金	10,000
資本剰余金	5,600
利益剰余金	5,000
純資産合計	20,600
負債・純資産合計	29,100

調達資金のうち返済義務がないもの

会社の資本金やいままでの活動で生み出した利益の蓄積。純資産を増やしていくことが会社の安定につながる。

資産合計の額と負債・純資産の合計額は必ず一致する。

❶〜❹は経営分析の際にチェックする項目。詳しくは左ページ「B／Sの経営分析」を参照してください。

第6章　決算の流れと決算書の作成

損益計算書（P／L）

知識　毎日　適宜　毎月　毎年

- ☑ 損益計算書で1年間の会社の経営成績がわかる
- ☑ 3つの収益と5つの費用を算出する
- ☑ それらを差し引きして5段階の利益を求める

　損益計算書はその名のとおり、会社の1年間の収益から費用を差し引いて利益（儲け）を表したものです。

　まず収益は「売上高、営業外収益、特別利益」の3つ、費用は「売上原価、販売費及び一般管理費、営業外費用、特別損失、税金費用（法人税、住民税及び事業税）」の5つに分けられています。

　それらを上から順番に足し引きして「売上総利益、営業利益、経常利益、税引前当期純利益、当期純利益」の5段階の利益を計上します。5つの利益に分けることで、会社がどのように儲けているかがわかります。

P／Lの経営分析

5段階の利益で会社の儲けを詳細に把握

❶ 売上総利益
（ 売上高 − 売上原価 ）
本業で儲かった利益。粗利ともいう。商品・サービスの販売活動によりいくら儲かったかがわかる。

❷ 営業利益
（ 売上総利益 − 販売費及び一般管理費 ）
❶から販売や管理にかかるコストを差し引いた利益。本業での純粋な利益を表す。

❸ 経常利益
（ 営業利益 ＋ 営業外収益 − 営業外費用 ）
本業以外の活動も含めた利益を示す。毎年経常的に発生する活動にともなう利益がわかる。

❹ 税引前当期純利益
（ 経常利益 ＋ 特別利益 − 特別損失 ）
❸から臨時的な要因（災害による損失など）で発生した収益・費用を加味した利益。

❺ 当期純利益
（ 税引前当期純利益 − 法人税、住民税及び事業税 ）
❹から法人税を差し引いた、会社の1年間の最終的な利益。

損益計算書を構成する4ブロック

損益計算書は「営業損益」「営業外損益」「特別損益」「法人税」の4ブロックで構成されている。それぞれの収益や費用を差し引きして、5段階の利益（P208）を算出する。

Ⓐ 営業損益
事業活動で得た収益（売上高）、売上を上げるためにかかった費用（売上原価）、販売活動や運営管理にかかった費用などが記載される。

Ⓑ 営業外損益
受取利息や支払利息、会社が保有する株の配当金、雑損失など、本業以外で得た収益やかかった費用が記載される。

Ⓒ 特別損益
本業以外で得た収益やかかった費用のうち、臨時的なもの。

Ⓓ 法人税
法人税や法人事業税、法人住民税など会社の儲けに対して課税される税金。

❶〜❺は経営分析の際にチェックする項目。詳しくは左ページ「P／Lの経営分析」を参照してください。

キャッシュフロー計算書

会社のキャッシュの流れがわかる。
非上場企業には作成義務はないが、余力があれば作成してみよう。

【 キャッシュフロー計算書の見方 】

キャッシュフロー計算書
○○**株式会社**

(単位：千円)

	増 減
Ⅰ．営業活動によるキャッシュフロー	
税金等調整前当期純利益	400,000
売掛金増加（△）・減少	50,000
買掛金増加・減少（△）	△70,000
貸倒引当金の増加額	10,000
受取利息及び受取配当金	△3,000
支払利息	4,000
その他資産の増加（△）・減少	△10,000
その他流動負債の増加・減少（△）	30,000
小計	411,000
利息及び配当金の受領額	2,000
利息の支払額	△3,000
法人税等の支払額	△150,000
営業活動によるキャッシュフロー	260,000
Ⅱ．投資活動によるキャッシュフロー	
有形固定資産の取得による支出	△15,000
有形固定資産の売却による収入	80,000
投資活動によるキャッシュフロー	65,000
Ⅲ．財務活動によるキャッシュフロー	
借入金による収入	10,000
借入金による支出	△15,000
財務活動によるキャッシュフロー	△5,000
Ⅳ．現金及び現金同等物の増加額・減少額（△）	320,000
Ⅴ．現金及び現金同等物の期首残高	750,000
Ⅵ．現金及び現金同等物の期末残高	1,070,000

将来のお金の流れを管理する日次資金繰り表（P79）に対し、**過去1年間のお金の流れを追いかけたのが「キャッシュフロー計算書」**です。

土地や建物などの資産は含まず、「キャッシュ」と呼ばれる現金・預金、現金同等物を扱います。現金同等物とは換金しやすく、価格変動リスクの小さいもので、公社債投資信託や満期3か月以内の定期預金などが当てはまります。

会社の活動を「営業活動」「投資活動」「財務活動」の3つに分けて、それぞれのキャッシュの増減を算出します。

キャッシュの動きは、会社の経営状態を分析するうえで重要な材料です。非上場企業にはキャッシュフロー計算書の作成義務はありませんが、できればつくっておくとよいでしょう。

I 営業活動によるキャッシュフロー
（本業での儲け）

会社の本業（営業活動）で生じたキャッシュの増減を算出したもの。3つの活動に当てはまらない利息や法人税等もここに記載される。

☑ 合計はプラスになっているか
▶ プラスが大きければ大きいほど、本業で稼ぐ力があると考えられる。創業まもない会社以外で、マイナスが何年も続いている場合は危険。

II 投資活動によるキャッシュフロー
（将来への投資）

会社の設備や機械、土地などの資産への投資と、株式投資によるキャッシュの増減などを算出したもの。増減の理由も明記される。

☑ 営業活動を上回っていないか
▶ 積極的に投資活動を行うと、マイナスになる。マイナス自体は悪いことではないが、営業活動によるキャッシュフローのプラスの範囲内で行うなどバランスを持った投資をすることが大事。

III 財務活動によるキャッシュフロー
（資金調達）

短期・長期借入と返済、社債の発行・償還、株式発行、配当金の支払などを示したもの。借入はプラス、返済はマイナスとして表示される。

☑ 何で資金を調達しているか
▶ 財務活動によるキャッシュフローがプラスなら資金調達の手段をチェックする。短期借入が多く、営業活動によるキャッシュフローがマイナスなら、資金繰りが悪化していると考えられる。

第6章 決算の流れと決算書の作成

知識　毎日　適宜　毎月　毎年

税務会計の基本

- 税務会計と財務会計との目的の違いを理解する
- 収益と益金、費用と損金の違いを把握する
- 課税所得（かぜいしょとく）は、税引前当期純利益（ぜいびきまえとうきじゅんりえき）（P208）を調整して算出する

　財産や儲けを正しく計算するための会計を「財務会計」といいます。一方、**「税務会計」は、会社に課せられる税金を公平に計算することが目的**。税金計算のベースとなる「課税所得」を算出します。

　財務会計では、収益から費用を差し引いて、儲けとなる税引前当期純利益を算出します。税務会計では、益金から損金を差し引いて課税所得を算出します。

　両者はほぼ同じ金額になりますが、若干のずれが生じます。そこで、税金を算出するためには、財務会計で年次決算を行った後に、税務会計に調整する処理が必要になります。

財務会計と税務会計の関係性

【 税引前当期純利益と課税所得の違い 】

財務会計で算出する「税引前当期純利益」と、税務会計で算出する「課税所得」は目的が異なる。

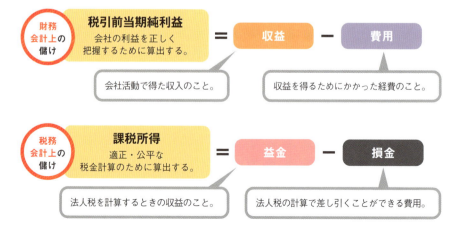

財務会計上の儲け
税引前当期純利益
会社の利益を正しく把握するために算出する。
＝ 収益 － 費用
・会社活動で得た収入のこと。
・収益を得るためにかかった経費のこと。

税務会計上の儲け
課税所得
適正・公平な税金計算のために算出する。
＝ 益金 － 損金
・法人税を計算するときの収益のこと。
・法人税の計算で差し引くことができる費用。

【 収益と益金、費用と損金のずれ 】

収益と益金、費用と損金には、下図のように重ならない部分がある。そこで、益金に含めないもの・含めるもの、損金に含めないもの・含めるものをそれぞれ調整する。

Ⓐ 益金不算入

収益には含まれるが、益金とはならないものを除く。
- 受取配当金（P51）
- 還付法人税等

Ⓒ 損金不算入

費用には含まれるが、損金にはならないものを除く。
- 法人税、住民税
- 過大減価償却費
- 過大役員給与
- 寄附金の一部
- 交際費
- 引当金の繰入額の一部

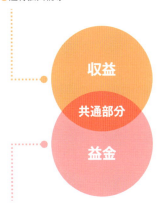

収益と益金、費用と損金はほぼ同じ範囲をさすが、一部分被らない項目がある。

Ⓑ 益金算入

収益にはならないが、益金には含まれるものを加える。
- 資産を無償で譲渡したとき、本来もらうべき金額
- サービスを無償で提供したとき、本来もらうべき金額

Ⓓ 損金算入

費用にはならないが、損金には含まれるものを加える。
- 災害による損失にかかる欠損金額
- 繰越欠損金

実際の課税所得の算出方法

年次決算で算出した税引前当期純利益から、上図のⒶ〜Ⓓを足し引きすると、課税所得が求められる。

課税所得 ＝ 税引前当期純利益 − Ⓐ ＋ Ⓑ ＋ Ⓒ − Ⓓ

−Ⓐ 会計上はプラスされているが、税法上はプラスしてはいけないので減算。

＋Ⓑ 会計上はプラスされていないが、税法上はプラスすべきなので加算。

＋Ⓒ 会計上はマイナスされているが、税法上はマイナスしてはいけないので加算。

−Ⓓ 会計上はマイナスされていないが、税法上はマイナスされるので減算。

知識 毎日 適宜 毎月 毎年

税金の申告と納付

- ☑ 会社の所得に課せられる税金の種類を把握する
- ☑ 5つの税金の計算方法を理解する
- ☑ 5つの税金の納付先と納付期限を把握する

　会社（法人）にはさまざまな税金が課せられます。**会社に課せられる代表的な税金が「法人税」「法人住民税」「法人事業税」「特別法人事業税」「消費税」の5つです。**

　法人税と消費税は国に納める「国税」で、会社の住所を管轄とする税務署に納めます。法人住民税と法人事業税、特別法人事業税は「地方税」です。会社の住所を管轄とする都道府県税事務所や市・区役所や町村役場に納付します。

　税金の申告・納税は、原則として決算日の翌日から2か月以内。期限を過ぎてしまうと、延滞税や加算税が課せられるので、注意してください。

　自然災害などやむを得ない事情で期限内の申告が困難な場合は、税務署に申請すれば申告期限の延長が可能です。また、一定の条件を満たせば、分割して納付できる猶予制度もあります。

法人税の仕訳

（例）当期の法人税等が20万円と確定した。
　　　ただ、すでに中間申告で10万円納付をしている。

当期の法人税等（＝費用）を借方に入れる。中間申告で、既に借方に計上していた仮払法人税等（＝資産）を貸方に入れて相殺する。まだ支払っていない法人税を未払法人税等（＝負債）として貸方に計上し、納付後に消込を行う。

借方	貸方
法人税等　200,000	仮払法人税等　100,000
	未払法人税等　100,000

前事業年度の法人税額が20万円を超える事業者は、中間申告を行います。

法人税の計算

法人税は、事業活動で得た所得に対して課せられる国税。赤字のときであっても申告をする。「普通法人（株式会社、有限会社など）」か「協同組合など（農業協同組合、信用金庫など）」かで税率が異なる。以下で説明するのは普通法人のケース。

【 法人税の計算式 】

税法上の課税所得に会社ごとの税率を掛け、そこから税額控除額を差し引く。

課税所得（Ⓐ） × 税率（Ⓑ） ー 税額控除額（Ⓒ）

Ⓐ 課税所得の計算

税務会計では益金から損金を差し引いたものが課税所得となる。年次決算で出した税引前当期純利益を調整して、課税所得を算出する。具体的には「益金算入」と「損金不算入」の金額を加えて、「益金不算入」と「損金算入」の金額を差し引く（P213）。

税引前当期純利益 ▶P212〜 ＋ 加算項目 ー 減算項目

会社が1年間に得た収益から、事業活動にかかった費用（経費）を差し引いたもの。

● 益金算入
▶収益ではないが益金となる

● 損金不算入
▶費用だが損金にならない

● 益金不算入
▶収益だが益金にならない

● 損金算入
▶費用ではないが損金となる

Ⓑ 税率

資本金1億円以下の会社は、課税所得800万円までと、800万円を超える部分では税率が異なる。

資本金1億円以下の法人	年800万円以下の部分	15%※
	年800万円を超える部分	23.20%
上記以外の普通法人		23.20%

※前3事業年度の年平均所得金額が15億円を超える法人は19%

Ⓒ 税額控除額

所得税額控除
会社が得た預金利息や受取配当金に対し、源泉徴収された所得税額が控除できる。

外国税額控除
外国でも課税を受けている会社の場合、二重課税防止の目的で、外国税額の一部を控除できる。

提出期限	年次決算時：決算日から2か月以内 中間申告時：決算後6か月を経過した日から2か月以内
提出先	税務署
提出書類	法人税申告書など

法人住民税・法人事業税の計算

法人が所在する自治体サービスを利用することに対して納税する地方税で、都道府県民税と市町村民税がある。資本金1億円以下の会社の場合、赤字のときは法人事業税はかからない。法人住民税も、赤字のときは均等割を除き、法人税割はかからない。

【 法人住民税の計算式 】

法人税割の税率は各自治体で異なる。下記は東京23区に事務所が1つのみのケース。事業所が別々の地域に複数ある場合、各自治体に納税する。

法人税割 ＋ 均等割

●都道府県への納税額
法人税額（P215）×1.0%

●市区町村への納付額
法人税額×6.0%

●東京23区の場合は、
都のみに納める
法人税額×7.0%
※標準税率の場合

資本金の額と従業員数で、一律に税額が決まる。資本金1,000万円以下、従業員数30人なら7万円となる。

資本金	従業員数50人以下	従業員数50人超
1000万円以下	70,000円	140,000円
1000万円超1億円以下	180,000円	200,000円
1億円超10億円以下	290,000円	530,000円
10億円超50億円以下	950,000円	2,290,000円
50億円超	1,210,000円	3,800,000円

提出期限 決算日から2か月以内

提出先 市町村民税は市役所など
都道府県民税は都道府県税事務所など

提出書類 法人事業税・住民税申告書など

【 法人事業税の計算式 】

会社の事業活動に対して課せられる地方税。資本金1億円以下の会社は、赤字のときはかからない。税率は都道府県ごとに異なり、資本金額や所得に応じて税率が適用される。

課税所得 × 税率

計算方法は法人税（P215）と原則同じ

各都道府県のホームページなどで確認する。

提出期限 決算日から2か月以内

提出先 都道府県税事務所など

提出書類 法人事業税・住民税申告書など

特別法人事業税の計算

2019年度の税制改正によって創設された国税。法人事業税の偏りを是正するために、法人事業税の一部を分離するかたちで導入された。法人事業税とあわせて、都道府県税事務所に納税する。

【 特別法人事業税の計算式 】

法人事業税の税額 ▶P216 × **税率**

- 普通法人：37%
- 特別法人（独立行政法人、共済組合など）：34.5%
- 資本金または出資金が1億円を超える法人：260%

※小売電気事業者、発電事業などを行う法人を除く

提出期限	決算日から2か月以内	提出先	都道府県税事務所など
提出書類	法人事業税・住民税申告書など		

消費税の計算

商品やサービスの取引に対して課せられる税金。課税売上高5,000万円までなら簡易課税方式を選べるが、事前に消費税簡易課税制度選択届出書の提出が必要。なお、前期の消費税額が48万円を超える場合は、中間申告が必要となる。

【 納付消費税額* 】
売上などの取引で預かった消費税から、仕入などの取引で支払った消費税を差し引いて算出する。

仮受消費税の合計 − **仮払消費税の合計**

課税売上高5,000万円以下なら簡易課税方式を選べる

仮受消費税の合計 − **仮受消費税の合計×みなし仕入れ率**

※みなし仕入れ率は業種により異なります。国税庁のホームページを参照してください。
URL：https://www.nta.go.jp/taxes/shiraberu/taxanswer/shohi/6509.htm

提出期限	決算日から2か月以内
提出先	税務署
提出書類	消費税申告書

※前事業年度の消費税額が一定金額を超える場合、分割して申告・納付する必要がある

前期の消費税額	中間申告・納付回数
48万円超 400万円以下	1回
400万円超 4800万円以下	3回
4800万円超	11回

第6章 決算の流れと決算書の作成

＊正確な計算式は少し異なります。詳しくは国税庁HPを参照してください。
URL：https://www.nta.go.jp/taxes/shiraberu/taxanswer/shohi/6351.htm

Column

電子データは電子保存が義務に
電子帳簿保存法への対応

電子帳簿保存法は経理担当者が知っておくべき重要な法律の1つ。ポイントをおさえて、適切に対応する。

帳簿書類や領収書などのデータ保存が可能になった

電子帳簿保存法とは、帳簿書類などを、データで保存するためのルールを定めた法律です。従来、帳簿書類などは7年間ないし10年間、原則、紙での保存が義務づけられており、スペースの確保やファイリングの手間が問題となっていました。

データで保存すれば、広い保管場所は不要ですし、ファイリングの手間も省けます。必要な書類をすぐ検索することができるので、**経理業務の効率化にもつながるでしょう。**また、セキュリティの強化や環境問題への配慮という点からも、**デジタル化が推進されています。**

保存するものによって3つの区分がある

電子帳簿保存法は「保存するもの」によって、3つに分けられています。

まず1つめは「電子帳簿等保存」です。会計ソフトなどで作成した帳簿類や決算関係書類、自社で作成した領収書や請求書などのデータ保存のルールが定められています。要件を満たした「優良な電子帳簿」には、過少申告加算税の軽減措置を受けられるというメリットもあります。

2つめは、紙で受け取った取引書類の保存で、「スキャナ保存」が推奨されています。これら2つは任意の対応でOK。以前は税務署に事前申出が必要でしたが、改正により不要となりました。準備が整った時点で始めれば大丈夫です。

3つめは、すべての会社が対応しなければならない「電子取引」の保存です。

データで受け取ったものはそのままデータで保存する

電子取引とは、紙ではなくて電子データでのやりとりのことです。例えば、電子メール添付で送受信したPDFの請求書、ネット通販サイトでダウンロードした領収書、クラウドサービスでやりとりした契約書などがあります。クレジットカードの利用明細をダウンロードした場合も、電子取引に該当します。

これまではプリントアウトして紙で保存することが認められていましたが、2024年1月以降は、電子データのまま保存することが義務づけられています。適切に対応していない場合は、罰金が科せられる可能性もあるので注意しましょう。

電子データの種類ごとに保存要件がある

1と2は任意対応だが、3は義務化されている。会社の大小にかかわらず、適切に対応すること。

自社で作成した電子データ全般

1 **電子帳簿・電子書類**

自社で会計ソフトなどを用いて作成した帳簿類や決算関係書類、PCで作成した請求書や発注書などをそのままデータで保存する。対応は任意。

当てはまる書類

帳簿類	決算関係書類	取引関係書類（紙で発行したものの控え）
・仕訳帳 ・総勘定元帳 ・現金出納帳 など	・貸借対照表 ・損益計算書 ・棚卸表 など	・領収書　・請求書 ・発注書 など

保存時のルール
- システムの説明書やディスプレイを備え付けている
- データをすみやかにダウンロードできる

紙で受け取った取引書類

2 **スキャナ保存**

紙で受け取った領収書や請求書などを、スキャナやスマホで読み取り、画像データで保存する。対応は任意。

当てはまる書類

取引関係書類（取引先が紙で発行したもの）
・領収書　・請求書　・発注書　など

保存時のルール
- 受領してからすみやかに保存する
- 解像度 200dpi 以上で読み取る
- 最大径 35cm 以上のカラーディスプレイおよびカラープリンタ並びに操作説明書を備え付ける
- 明瞭かつ拡大及び縮小して出力が可能
- 取引年月日、取引金額、取引先で検索が可能　など

電子で受け取った取引書類

3 **電子取引**

クラウドサービスやメールで受け取ったPDFデータの請求書などはデータのまま保存する。紙に印刷して保管することは認められない。

当てはまる書類

電子で完結する取引
・電子決済　・Web 請求書、Web 発注書　・メールデータ　など

保存時のルール
- 改ざん防止の措置をとる
- 取引年月日、取引金額、取引先で検索できる
- ディスプレイやプリンタ等を備え付ける

詳しくは
▶P220～

2024年1月以降、電子取引データは原則データ保存が完全義務化に

※詳しい保存条件などは、国税庁の電子帳簿等保存制度特設サイトで確認してください。
https://www.nta.go.jp/law/joho-zeikaishaku/sonota/jirei/tokusetsu/index.htm

第6章　決算の流れと決算書の作成

自社の保存方法をチェック

自社の電子取引データの保存方法が適切かどうか、チャートに従ってチェックする。

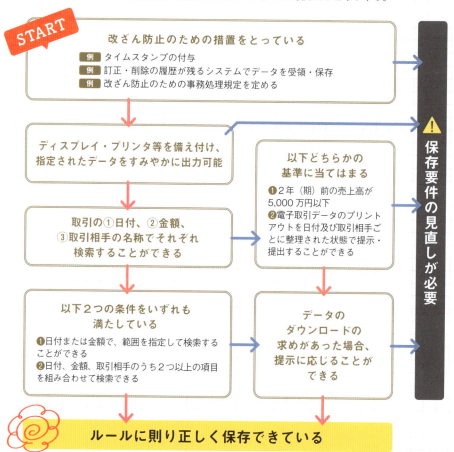

猶予期間が認められる場合も

人手不足や資金繰りに問題がある、電子帳簿保存法へのシステム整備ができていないという事情がある場合は、猶予が認められています。税務調査で電子取引データの提示・提出が求められたときには、プリントアウトして提示できるようにしておきましょう。

条件1 システム等の整備が間に合わない
条件2 人手不足、資金繰りの問題で対応できない

これだけやればOK！ 電子帳簿保存対応3STEP

電子帳簿保存法への対応を考えているが、何をすればよいのかわからないという人は、最低限、以下の3つのステップはやっておくとよい。詳細は会計事務所などに確認を。

STEP 1 受け取った電子データに番号を振り保存する

まずパソコン上に電子取引対応の専用フォルダを作成する。メール添付で送受信した請求書や発注書などの電子取引データは、電子取引対応の専用フォルダに移して保存。届いた順に001、002〜と連番をふっていく。クラウドサービスを利用した領収書や利用明細書などもダウンロードして同様に保存する。

STEP 2 Excelの索引簿に日付・金額・取引先を記入

税務調査の際の「検索機能の確保」を満たすために、Excelで索引簿を作成する。国税庁のホームページからテンプレートをダウンロードして索引簿を作成。電子データにふった番号とひもづけて、取引年月日、取引金額、取引先名を記入する。

国税庁のホームページのテンプレートを自社用に書き換えて作成する

索引簿

連番	日付	金額	取引先	備考
001	20××0304	100,000	株式会社A	発注書
002	20××0311	50,000	B商事	請求書
003	20××0325	15,600	C株式会社	請求書
004	20××0325	7,000	株式会社D	請求書

STEP 3 「訂正・削除の防止に関する事務処理規定」を作成

電子取引データの保存にあたって「電子データの訂正や削除をしない」という旨の規定をつくっておく必要がある。国税庁ホームページからテンプレートをダウンロードし、自社用に書き換えればOK。作成した規定は社内に備え付けて運用していく。

国税庁のホームページのテンプレートを自社用に書き換えて作成する

章末 Column

税務調査の基本と対策

税務申告が正しくされているかを調べる税務調査への対応も経理の仕事。
基本と対策を知っておこう。

税務調査実施時のスケジュール

税務署が管轄地域から対象者を選び、事前に通知したうえで行われる。

1 調査の事前通知を受け取る
任意調査では実施日の1～3週間前に、調査対象となる期間や帳簿書類等について通知がくる。

> 提示された日程は強制ではありません。交渉次第で調整可能です。

2 日程調整を行う
通常、税務調査は1～数日かかる。顧問税理士の立ち会いもあわせて、日程を調整する。

3 必要な書類や資料を準備する
通常3年分の調査だが、5年分、7年分になることも。法定保存期間内のものは準備を。
- ☑ 帳簿類
- ☑ 契約書
- ☑ 領収書
- ☑ 納品書
- ☑ 請求書
- ☑ 稟議書

4 税務調査の実施
税務調査官が事業活動に関するヒアリングを行った後、帳簿書類や証憑などをチェックする。取引先に対する調査が行われることもある。

5 調査結果の通知を受け取る
1週間～3か月で調査結果が書面で届く。特に問題がなければ「是認通知書」が届いて終了となる。

税務調査は、脱税の疑いがあるときに行われる「強制調査」と、納税者の理解と協力のもとに行われる「任意調査」があります。**任意調査の頻度は3～5年に1回が一般的**ですが、10年に1回というケースも。不正をしていなければ過度におそれることはありませんが、**税法の知識量や税務調査官との交渉を考えると、顧問税理士に立ち会ってもらうのがおすすめ**。豊富な経験に基づいたアドバイスをもらえますし、申告内容の誤りを指摘されたときもスムーズに対応できます。

税務調査での注意点

税務調査で確認されやすい項目は、特に念入りにチェックし正しく回答できるようにする。

【 特に確認されやすい項目 】

- ☑ **売上・仕入** …… 売上の計上漏れや過少申告がないか。過大な仕入金額を計上していないか。売上や仕入の計上の時期がずれていないかも重要なチェックポイント。
- ☑ **棚卸資産** …… 正しい評価方法で実地棚卸が行われているか。帳簿や棚卸表をもとにチェック。
- ☑ **交際費** …… 本来は交際費として処理すべき取引を、他の勘定科目で処理していないか。
- ☑ **人件費** …… 架空人件費や過大な報酬がないか。従業員名簿やタイムカードなどでチェック。
- ☑ **損金算入・不算入** …… 損金算入・不算入が正しく振り分けられているか。高額な役員報酬や限度額を超えた交際費、寄附金などは要注意。

【 当日気をつけること 】

**質問には
シンプルに答える**

余計なことは話さず、質問内容に対してシンプルに正直に答える。曖昧な回答はNG。わからないことは、後日回答する旨を伝える。

**事前に税理士と
打ち合わせを**

税務調査の準備や対処法などについて、事前に顧問税理士と打ち合わせをしておく。質問内容によっては税理士に対応を任せることも。

**帳簿のコピーを
とっておく**

税務調査官が帳簿書類などを預かることがある。返却まで時間がかかることもあるので、必要なものは事前にコピーをとっておく。

※「事業規模が大きい」「過去に申告ミスや不正があった」「売上利益の変動幅が大きい」「黒字から赤字になった」などの会社は、調査対象になりやすい傾向があるといわれる。

第7章

経営にかかわる会計・予算の知識

管理会計と

管理会計の基本
P226〜227

原価管理
P228〜231

予算管理
P232〜235

予算編成

資金繰り管理
P236〜239

経営分析
P240〜245

管理会計の基本

- ☑ 社内向けの経営判断に役立つ資料をつくるのが管理会計
- ☑ 会計や簿記の知識に加え、会社事業への深い理解が求められる
- ☑ 予算管理、原価管理、資金繰り管理、経営分析の4つがある

第6章で、財務会計は外部に向けた会社の"成績表"の作成、税務会計は正しい税申告が目的だと説明しました。

では**「管理会計」の目的は何かというと、社内の経営者や責任者に向けた会計資料をつくることです。現状の問題点を洗い出して改善策を立案したり、経営判断を下したりするための重要な資料です。**

管理会計では作成すべき書類の決まりはなく、**各社で自由に作成できます。**例えば、部門別の損益計算書をつくるのも管理会計の1つ。会社全体の損益計算書では、どの部門が稼いでいるのか、どの部門が稼いでいないのかがわからず、具体的な改善策が見いだせないからです。会社ごとに必要な情報は異なるので、**自社の事業内容を深く理解し、業界全体に関する知識も不可欠。**帳簿の作成にとどまらず、より高い視点と広い視野で会社の経営に携わることができるでしょう。

管理会計の主な業務4つ

会社によって異なるが、一般的な管理会計の業務には以下の4つがある。

原価管理

製造にかかるコストと適切なコストの差異を分析し、利益の最大化をめざす。

▶P228〜

予算管理

経営目標の達成に向けて、予算（目標）と実際の売上（実績）を比較して分析を行う。

▶P232〜

資金繰り管理

現預金の収支を管理して将来の資金不足のリスクを把握し、過不足を調整する。

▶P236〜

経営分析

決算書をもとに経営指標を算出し、自社の経営状況を客観的に分析する。

▶P240〜

管理会計と財務会計の違い

管理会計は義務ではなく、会社が任意で作成する。社外向けか社内向けかが大きな違い。

	自社の経営方針の決定に使用する **管理会計**	外部に経営状態を報告する **財務会計**
目的	社内の経営管理者（経営者など）の意思決定	外部の利害関係者（投資家、債権者、税務署など）への報告
担当する部署	経営管理者、経営企画部、事業企画部、経理部など	主に経理部
必要なスキル	事業への深い理解、ビジネスセンス	会計、簿記、税務の知識
基準	特になし	会計基準に則る
作成する書類	任意（会社独自の資料やレポート）	決算書
集計単位	任意（金額、kg、ℓ など）	金額
対象期間	任意（1年、1か月、週ごとなど）	会計期間（原則1年間。上場企業は四半期ごとに開示する）

会計基準や簿記の仕訳など、決まったルールがある。扱う業務領域は明確。特定の狭く深い知識が求められる。

決められたルールはなく、業務領域が曖昧。会計以外の広い視点・考え方が必要。

管理会計の業務内容は会社によってさまざま。会社の管理のために数値を扱えば、管理会計と見なされます。

第7章 管理会計と予算編成

知識 毎日 適宜 毎月 毎年

原価管理

- ☑ 製品をつくるのに、いくらの費用がかかったのかを管理する
- ☑ 原価は材料費、労務費、経費に分けて分析する
- ☑ 実際の原価と目標とする原価を分析し、製造工程の効率化を図る

「**原価管理**」とは、**物やサービスを提供するためにかかる費用を管理すること**。特に製造業では、原材料から買入部品、塗料、燃料、水道光熱費、労務費など、製品をつくるまでに、多種多様なコスト（製造原価）がかかります。原価管理には、原材料や製造過程に関する専門知識を要するため、専門家が担当することも。

原価管理の目的は、**生産性を向上させて、利益をしっかり確保すること**。たとえ売上が上がっていても原価が高ければ、**十分な利益は得られない**です。また、為替や海外情勢などで原材料費が高騰した場合も、原価管理で見通しを立てていれば、早いうちに価格転嫁をするなどで影響を最小限に抑えることができます。

原価を構成する主な3要素

原価は材料費、労務費、経費の3つに大別し、それぞれ直接費・間接費で把握する。

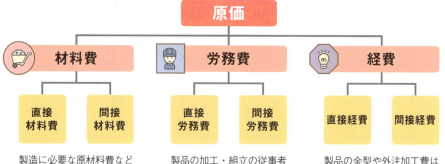

製造に必要な原材料費などは「直接材料費」、工場全体で使う機械油などの消耗品費は「間接材料費」。

製品の加工・組立の従事者賃金は「直接労務費」、工場で事務作業をする人の給与は「間接労務費」。

製品の金型や外注加工費は「直接経費」、電気代や工場設備の修繕費など、工場全体の経費は「間接経費」。

原価管理の考え方

原価計算にはさまざまな分類や種類があるが（P230～）、以下の考え方は共通している。一定期間にかかった費用から、各製品の原価を算出する。

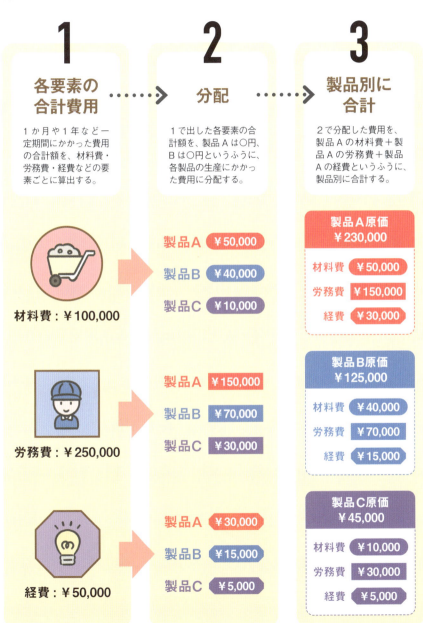

原価計算の計算方法の種類

原価計算は、目的や生産形態に応じて、いろいろな方法がある。業種や生産形態に合った計算方法を選ぶ。

【 選択① 目的別 】

迅速に算出したい
標準原価計算

自社の実績や市場調査などから、目標とする原価を算出する。予算を立てるときや、実際にかかった原価との比較分析などに用いる。

標準原価計算は、売上総利益（粗利）の管理にも役立つよ。

正確な金額を算出したい
実際原価計算

材料費、人件費、輸送費、広告費など実際のデータをもとに原価を算出する。正確なコストが把握できるが、集計と算出に時間がかかる。

変動費を中心に計算したい
直接原価計算

原価の3つの要素のうち、変動する直接費のみを原価として算出する。利益や予算を求めやすく、損益分岐点（P244）の計算にも役立つ。

【 選択② 生産形態別 】

1つの製品を大量生産する会社
総合原価計算

実際原価計算の1つ。同じ製品を大量生産する形態の場合に、一定期間内にかかったすべての原価を、製造した数で割って1つあたりの原価を算出する。

多品種少量の商品を生産する会社
個別原価計算

実際原価計算の1つ。顧客の注文で製造する受注生産形態の場合に、製品ごとの仕様に応じて原価を算出する。採算がとれるかどうかがわかる。

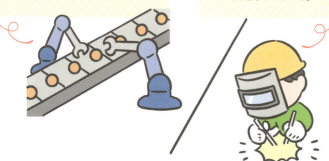

原価差異分析

想定した原価（標準原価）と実際原価の差異が、製造工程のどの段階で、どのような要因で生じたのかを分析し、改善につなげる。

【 原価差異分析の流れ 】

Step 1 ┄┄► **Step 2** ┄┄► **Step 3**

標準原価を算定
実績や市場調査などから、目標とする標準原価を算定する。

実際原価との差異を分析
実際に発生したコストから実際原価を算定。標準原価との差異を費目ごとに分析。

差異の原因の分析・改善
分析結果をもとに製造工程を見直して、改善策を立案。生産性の向上を図る。

【 主な原価差異分析4つ 】

材料受入価格差異
材料の想定価格と実際の仕入価格との差額のこと（材料調達時の差異）。仕入値や輸送費、保管費などの変動によって生じる。
計算式：（ 標準受入価格 － 実際受入価格 ） × 実際受入価格

直接材料費差異
想定した材料費と、実際に使用した材料費との差額のこと（組立・加工時の差異）。数量の見積もりのミスや材料の無駄づかいなどで生じる。
計算式：
価格差異：（ 標準消費価格 － 実際消費価格 ） × 実際消費数量
数量差異：（ 標準消費数量 － 実際消費数量 ） × 標準消費価格

直接労務費差異
想定した直接労務費と、実際に発生した直接労務費との差額のこと。作業時間や人員配備が想定と異なるときなどに生じる。
計算式：標準直接労務費 － 実際直接労務費

製造間接費差異
想定した製造間接費と実際の製造間接費との差額。予算や工場機械の操業時間、工場機械の作業効率が想定と異なるときに生じる。
計算式：標準製造間接費 － 実際製造間接費

第7章 管理会計と予算編成

知識 毎日 適宜 毎月 毎年

予算管理

- ✓ 予算管理とは、売上や利益、費用に関する数値目標を管理すること
- ✓ 期首に予算計画を策定し、定期的に実績と比較・修正を行う
- ✓ 経理担当者は、経営者と現場との折衝役の役割を持つ

　会社の今後の活動に必要なお金を管理する「予算管理」も、経理の重要な仕事です。予算とは売上高や売上原価、経費などの数値目標のこと。**予算を立てることで、会社の方向性が明確になり、人員や費用を適切に配分することができます。**

　まず期首に1年間の予算を立てたら、目標どおりに実績が推移しているかどうかを定期的に確認。問題点を分析して改善を図りながら、目標達成をめざします。

　経営方針に基づいた予算作成を指示するのは経営者ですが、実際に働くのは従業員。現場の実情とかけ離れた目標値ではやる気は出ないでしょう。**経理担当者は折衝役として、現場と経営者との折り合いをつける**スキルが求められます。

予算管理の流れ

予算策定、実行、進捗の確認、分析と解決という「PDCAサイクル」で進めていく。

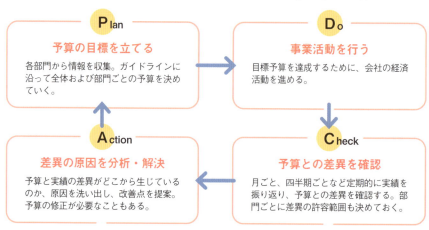

Plan　予算の目標を立てる
各部門から情報を収集。ガイドラインに沿って全体および部門ごとの予算を決めていく。

Do　事業活動を行う
目標予算を達成するために、会社の経済活動を進める。

Check　予算との差異を確認
月ごと、四半期ごとなど定期的に実績を振り返り、予算との差異を確認する。部門ごとに差異の許容範囲も決めておく。

Action　差異の原因を分析・解決
予算と実績の差異がどこから生じているのか、原因を洗い出し、改善点を提案。予算の修正が必要なこともある。

トップダウン方式とボトムアップ方式

予算の立て方にはトップダウン方式とボトムアップ方式がある。トップダウン方式が望ましいが、一般には両者の折衷型が多い。

経営者が意思決定する

トップダウン方式

経営者が決めた全体の予算を各部門に配分する方式。全体を見通したうえで、迅速な予算策定が可能だが、現場とのずれが生じやすい。

《メリット》
・予算決定が早い
・大きい決断が可能
・経営方針を反映させやすい

現場の声を反映する

ボトムアップ方式

各部門が提示した予算をもとにまとめる方式。現場に即した目標設定ができる一方、全体の調整が難しい。

《メリット》
・現場の無理のない範囲で予算編成できる

第7章 管理会計と予算編成

策定する主な予算

売上高予算	目標とする利益予算を達成するために必要な売上高予算を策定。販売数または金額で設定し、営業戦略に落とし込む。為替変動や市場の変化など外的要因に左右されるため、期中に見直しを行う。
売上原価予算	仕入価格や原材料費などの予算。実績からの見積もりをベースに、売上高予算や利益予算に応じて策定する。売上高予算と同様、外部の影響を受けやすいので、定期的に見直しが必要。
経費予算	地代家賃や人件費、水道光熱費、消耗品費、広告宣伝費など、継続的な事業活動のために必要な予算。部門ごとの過去の実績をもとに見積もる。外部の影響はほとんど受けないので達成しやすい。
利益予算	1年間で達成するべき利益の目標。売上予算から原価と経費の予算を差し引いて見積もる。売上高を増やすほか、経費や原価の削減によって利益を増やすことができる。

233

予算編成の流れと注意点

【 予算編成の流れ 】

経理の予算編成担当者は、経営者と各部署との間に立ち、スケジュールの調整や予算のとりまとめを行う。まとめた予算は役員会などの審議・承認を受けて実行へ。

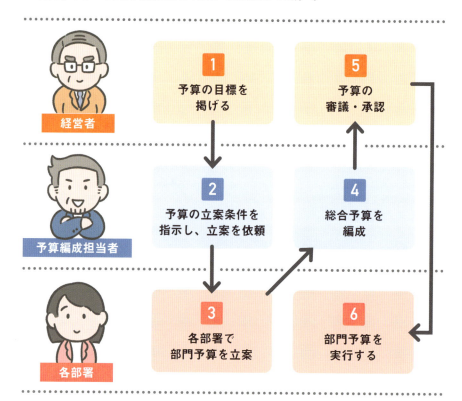

【 予算編成時の注意 】

- ☑ 予算編成の意義・予算額の理由を現場と共有する
- ☑ 予算の目標は"実現可能範囲かつ余裕すぎない"ラインに設定
- ☑ 各部署でコントロールできない数字の責任を部署に負わせない
- ☑ 期中で変更があることも見越した金額に設定する

予実対比と差異分析

月次決算ごとに予算と実際の売上（実績）を比較する（「予実対比」）。予算に対してどの程度クリアできたのか、差異があれば原因を分析する。これを「差異分析」といい、下記の3つがある。

- 実際の売上や費用を項目ごとに記入する。
- 「当期累計÷当期予算×100」で算出する。
- 当期累計から前年同期を差し引いて算出。年次で比較することで、会社全体の方向性がつかみやすい。

予算実績対比表

	当期累計	当期予算	差額	予算比	前年同月	差額	前年比
売上高	30,000	25,000	5,000	120%	27,000	3,000	111%
売上原価	9,000	8,000	1,000	113%	8,500	500	106%
売上総利益	21,000	17,000	4,000	124%	18,500	2,500	114%
販売管理費	10,000	10,000	0	100%	9,500	500	105%
営業利益	11,000	7,000	4,000	157%	9,000	2,000	122%
営業外収益	1,000	1,000	0	100%	1,200	-200	83%
営業外費用	1,000	500	500	200%	1,000	0	100%
経常利益	11,000	7,500	3,500	147%	9,200	1,800	120%

- 当期累計から当期予算を差し引いて算出。差額が大きいときは迅速に原因を探る。
- 前年度の同じ月の実績を記入する。
- 「当期累計÷前年同期×100」で算出する。

第7章 管理会計と予算編成

差異分析の方法3パターン

利益差異
策定した利益予算と実際の利益額を単純に比較する。利益予算から実利益を差し引けばよい。簡便にできるため、多くの企業で用いられている。ただし、項目ごとの変動は見えないため、差異の原因分析には不向き。

収益・原価差異
利益差異の原因を分析するために、売上高予算と実績を比較した「収益差異」と、売上原価予算と実績を比較した「原価差異」を算出。さらに原価差異を製造原価、固定費、販売費などに細分化して分析する。

会社ごとのフレームワーク
自社の戦略がどのくらい実行されているかを把握するために、自社独自のフレームワークを構築して分析する方法もある。例えば、売上高を「新規顧客売上高」「既存顧客売上高」に細分化するなど。

資金繰り管理

- ☑ 資金繰り管理は、将来のお金の動きを可視化して管理すること
- ☑ 倒産を防ぎ、適切な経営判断を下すには資金繰り管理が不可欠
- ☑ 金融機関からの借入方法には主に4つの種類がある（P239）

　会社が倒産するのはどんなときかというと、「現金及び預貯金がなくなったとき」です。**すぐに支払に利用できるお金は、会社の血液のようなもの。その流れが滞ってしまうと、たとえ売上が出ていても、倒産に追い込まれてしまいます。**

　そこで重要なのが「資金繰り管理」です。**現金及び預貯金の収支を表にまとめて視覚化し、資金ショートを防ぐ**ものです。将来のお金の動きを正確に予測できるので、予算を立てやすくもなりますし、設備や人材への投資も計画的に行うことができます。また、金融機関からの融資を受ける際にも不可欠。資金繰り表は、会社経営という困難なフライトを安定させるための重要な計器の1つだといえます。

運転資金とは

会社同士では、掛け取引がメイン。仕入代金の支払と商品代金の入金までにはタイムラグが生じてしまう。そのため、仕入代金の支払後から、商品代金が入金されるまでの間の運転資金が必要。

（例）

① 商品を仕入れる
月初に商品を買掛で仕入れる。代金の支払は後日。

② 商品を売り上げる
商品を売掛で売り上げる。代金は後日入金。

③ 仕入代金の支払
買掛で仕入れた商品の代金を支払う。

月初 ① ――― ② ――― ③ ///// ④ 月末

この期間（❸〜❹）を維持するのが運転資金
仕入代金の支払後、商品代金が入金されるまでの期間は、運転資金で家賃や人件費、水道光熱費などの固定費を支払う。

商品代金の入金
商品の売掛金が入金される。

236

運転資金の調達方法

運転資金の調達方法には、「社内から調達する方法」と「社外から調達する方法」の2つに大別できる。いずれの場合も早めに検討することが大切。

方法1 社内から調達

売上を増やす
本業の売上を伸ばして、利益を増やす。経営的には最も望ましい方法。

経費削減
経費を削減して、資金を捻出する。材料費、労務費、経費の3つの原価を分析（P228～）。

資産の売却
有価証券や不動産などの固定資産を売却して現金化し、資金をつくる。

方法2 社外から調達

借入
金融機関から融資を受ける。審査が通らないこともある。時間がかかるのも難点。

社債
社債を発行する。自由な資金として使えるが、満期になったら返済しなければならない。

株式の発行
株式を発行する。自己資金となるので返済の必要はないが、配当の負担が生じる。

支払日・入金日の調整
「売掛金の回収は早く、買掛金の支払は遅くする」のが資金繰りの原則。運転資金が必要な期間を短くすることができる。

> 支払日・入金日の調整は、取引先に負担をかけない範囲で交渉しましょう。

第7章 管理会計と予算編成

資金繰りを悪化させる主な原因

資金繰り悪化の最大の原因は、赤字経営。また、過剰な在庫も原因になる。売上の急減や急増も資金繰り悪化につながることがあるので要注意。

 続く赤字経営 …… 赤字続きでは運転資金をつくれないため固定費の支払に支障をきたす。融資が受けられなければ倒産の可能性大。

 過剰な在庫 …… 倉庫代や不良在庫の処理などで、保管コストがかさみ、資金繰りを悪化させてしまう。不要な在庫は早めに処分を。

 売上の急減 …… 売上の急減は、利益を減らすことにつながり、資金繰りを悪化させてしまう。

 売上の急増 …… 仕入代金や外注費などの負担が増え、運転資金の確保が必要に。売掛金の回収時期の調整を交渉する。

長期資金繰り表

毎日のお金の動きを可視化する「日繰り表」と、1年間の見通しを立てる「長期資金繰り表」を作成する。システムもあるが、Excelで作成して、自分で確認しながら分析したほうが力がつく。

① 前月から繰り越した現預金残高の合計を記入する。

② 会社の本業で入ってきた営業収入を記入する。

③ 人件費や販売費など、会社の本業にかかった経費の合計を記入する。

④ 営業収入から営業支出を差し引いたものを記入する。

⑤ 借入金や財テクなど、会社の本業とは関係のない収入の会計を記入する。

⑥ 会社の本業とは関係ない支出の合計を記入する。

⑦ ④の営業収支＋⑤の財務収入－⑥の財務支出の合計を記入する。

⑧ 前月繰越（①）に経常収支（⑦）を加えた金額を記入する。

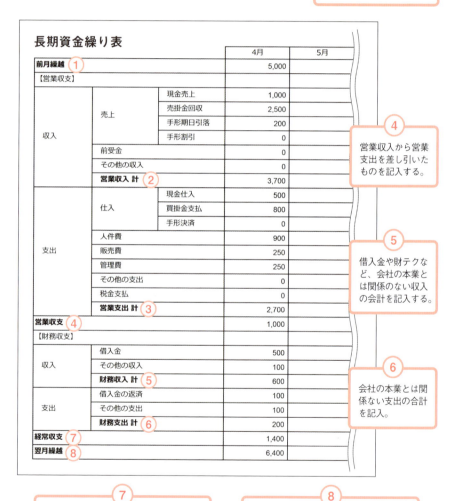

借入金の基礎知識

借入金の種類や借り方・返し方にはさまざまな種類がある。

借入期間により2種類に大別される

短期借入金
決算日の翌日から起算して、1年以内に返済を予定しているもの。運転資金の確保のために一時的に借り入れる「つなぎ融資」が多い。貸借対照表では「流動負債」に記載される。

長期借入金
決算日の翌日から起算して、1年を超えて返済を予定しているもの。設備投資などを目的とした多額の借入で、分割返済が一般的。貸借対照表では「固定負債」に記載される。

借入方法は主に4種類

短期借入金に多い

手形借入
金融機関に約束手形を振り出して、記載された金額の融資を受ける。短期借入金で使われることが多い。

証書借入
金融機関と「金銭消費貸借契約」を結んで受ける融資。長期借入金で使われる方法で、不動産などを担保にすることもある。

長期借入金に多い

手形割引
取引先が振り出した期日到来前の手形を、金融機関に買い取ってもらって融資を受ける。額面の金額から割引料が差し引かれる。

当座借越
当座預金の残高が足りなくても、設定した融資限度額までは自由に融資を受けたり返済したりできる。ただし、事前に審査がある。

返済方法は2種類

● **一括返済** …… 返済期限日に元金を一括で返済する方法。利息の負担が少なくてすむ。

● **分割返済** …… 元金を分割して返済する方法。利息の扱いで2つのパターンがある。

利息のつき方が2パターンある

元利均等返済
元金と利息分を組み合わせて、毎回の支払額を一定の金額にした方法。返済計画は立てやすいが、総返済額は元金均等返済より増える。

元金均等返済
返済額のうち、元金だけを一定にした方法。金利は元金の残高に応じて減っていく。総返済額は元利均等返済より少ない。

第7章 管理会計と予算編成

経営分析

- ☑ 決算書から会社の経営状況を分析する「財務分析」が中心
- ☑ 安全性、生産性、収益性、成長性の4つの視点から分析する
- ☑ 採算ラインの見極めには「損益分岐点」の把握が不可欠

「経営分析」とは、会社の経営状況を把握し、問題点を発見・改善することです。なかでも重要なのが「財務分析」。損益計算書や貸借対照表、キャッシュフロー計算書を用いて、**「安全性、生産性、収益性、成長性」という4つの視点から会社の経営状況を分析するもの**です。また、**採算ラインを見極めて目標を明確にするために「損益分岐点」の把握も大切**です。

決算書には、会社の"健康状態"が表れていますが、人間の健康診断の結果と同じで、それぞれの数字の意味を知らなければ良しあしの判断はできません。決算書を読み解く力をつければ、経営者や責任者とも対等に話ができ、会社の経営に深く関わることができるはず。

健康診断で患者さんをより健康な状態に導くのが医師だとしたら、会社の経営をよりよい方向に導くのが、経理パーソンや公認会計士の役割だといえるのです。

経営分析に求められるスキル

✓ 会計基準やルールを正しく理解している

✓ それぞれの経営指標が示す内容がわかる

✓ 業界の動向、自社の位置付け、競合などを把握している

決算書から経営状況を分析できるようになると、経営者に重宝されますよ。

経営分析の基本

【 経営分析4つの指標 】

財務分析では「安全性、生産性、収益性、成長性」の4つの視点に応じた指標を用いる。

指標1	指標2	指標3	指標4
安全性	**生産性**	**収益性**	**成長性**
支払能力はあるか。倒産のリスクの有無を見る。	従業員や設備などの資源を有効に活用できているか。	効率よく稼げているかどうか。会社の稼ぐ力を見る。	過去の成長ぐあいから、今後の成長性を予測する。
▶P242	▶P242	▶P243	▶P243

【 経営指標の分析方法 】

個別の指標だけを見るのではなく、比較することで、自社の傾向や強み・弱みが明らかになる。比較の仕方には「期間比較、標準比較、相互比較」の3つがある。

☑ **期間比較**
自社の過去の実績と比較し、どのように変化しているか明らかに。

☑ **標準比較**
業界の平均値と比較して、自社の立ち位置を明らかにする。

☑ **相互比較**
競合他社の実績と比較して、自社との差異を明らかにする。

第7章 管理会計と予算編成

経営指標の計算方法

代表的な経営指標の計算方法は以下。自社の決算書を参照し計算する。

指標1 安全性

安全性の指標には、1年以内の支払能力を見る「流動比率」と、長期にわたる支払能力を見る「自己資本比率」がある。

100%を切ると資金ショートのおそれ

$$\text{流動比率(\%)} = \frac{\text{流動資産}}{\text{流動負債}} \times 100$$

現金及び1年以内に現金化できる流動資産と、流動負債との比率。一般に120％以上あるのが望ましい。流動比率が100％を切ると資金ショートで倒産のおそれがある。

30%を超えると優良

$$\text{自己資本比率(\%)} = \frac{\text{自己資本}}{\text{総資産}} \times 100$$

総資産に対する自己資本の比率。自己資本が多く、他人資本（負債）が少ないほうが経営は安定していると考えられる。一般に30％あればよいとされているが、業種による違いがある。

指標2 生産性

会社の生産性は一人あたりの付加価値を表す「労働生産性」と人件費の分配率を表す「労働分配率」で分析。どちらも高いほうがよい。

従業員の労働効率を示す

$$\text{労働生産性} = \frac{\text{付加価値額}}{\text{従業員数}}$$

付加価値額は、売上高から、外部から購入した費用を差し引いて算出する（付加価値労働生産性）。1時間あたりの生産量を示す「物的労働生産性」という指標もある。

適正な水準に保つ

$$\text{労働分配率(\%)} = \frac{\text{人件費}}{\text{付加価値額}} \times 100$$

付加価値額に対する人件費の比率を表す。人件費が適正な水準かどうかを分析する。会社の規模や業種によって異なるが、平均50％くらいが目安。高すぎると経営を圧迫することも。

指標3 収益性

会社の稼ぐ力を見る指標は、「売上高総利益率」と「売上高営業利益率」が代表的。どちらも高いほどよい。

高いほど付加価値が大きい

$$売上高総利益率(\%) = \frac{売上総利益}{売上高} \times 100$$

売上に対する利益の比率を表す。いわゆる粗利率のことで、最も重要な経営指標の1つ。売上高総利益率が高いほど、商品の付加価値が高く、稼ぐ力が大きいことを表す。ただし、水準は業種によって大きな差があり、会社の規模によっても異なる。

高いほど本業で稼ぐ力がある

$$売上高営業利益率(\%) = \frac{営業利益}{売上高} \times 100$$

売上高に対する営業利益の比率を示す。会社の本業で稼ぐしくみがしっかり整っていることを表している。高いほどよいが、売上高総利益率と同じように、業種や会社の規模による差がある。

指標4 成長性

今後、その会社が伸びるかどうかを見る指標には、「売上高伸び率」や「経常利益伸び率」がある。

数年単位で比較する

$$売上高伸び率(増収率)(\%) = \frac{当期売上高 - 前期売上高}{前期売上高} \times 100$$

前期と比較して、当期の売上がどのくらい伸びたのかを表す指標。過去、数年間の売上高伸び率の推移を見ることで、今後の売上高が上昇するのか、下降するのかの検討に役立てる。

本当に会社が成長しているかがわかる

$$経常利益伸び率(増収率)(\%) = \frac{当期経常利益 - 前期経常利益}{前期経常利益} \times 100$$

本業で得た利益に、資産運用など本業以外で得た利益も加えた全体の伸び率を表す指標。売上高伸び率も経常利益伸び率も上昇傾向にあるのがベスト。

第7章 管理会計と予算編成

損益分岐点の考え方と分析

売上がたとえゼロでも、人件費や地代家賃などの費用がかかる。そこで費用を固定費と変動費に分けて、売上や利益との関係を考える。費用を回収できる採算ラインが損益分岐点。

【 損益分岐点とは 】

利益と損失がプラスマイナスゼロになるポイント。上回れば利益に、下回れば損失になる。

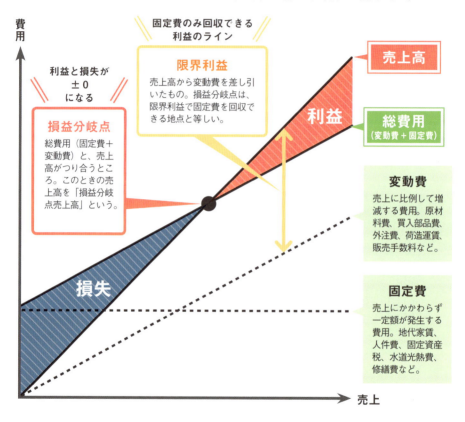

【 損益分岐点売上高の求め方 】

損益分岐点売上高は、固定費と変動費を回収できる売上高を表す。下記の式で求められる。

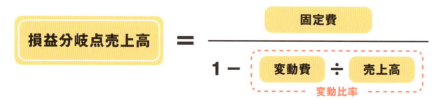

【 損益分岐点を使った分析方法 】

損益分岐点売上高を用いて「損益分岐点比率」や「安全余裕率」を求めることができる。

＼ 80％以下だと優良 ／

損益分岐点比率（％） ＝ 損益分岐点売上高 ÷ 実際の売上高 × 100

売上高に対する損益分岐点売上高の割合を表す。損益分岐点売上高と売上高が同額のときは100％となる。業種によって異なるが、一般的には以下の数値が目安とされている。

- 80％以下：優良
- 81～90％：健全
- 91～100％：要注意
- 101％以上：赤字

＼ 高いほど安全な経営 ／

安全余裕率（％） ＝ 100 － 損益分岐点比率

経営の安全性を見る指標。安全余裕率が30％の場合、売上高が30％減までなら、利益が出ることを表す。高いほうが赤字転落までの余裕があり、安全な経営だといえる。

第7章　管理会計と予算編成

【 損益分岐点の活用法 】

損益分岐点の考え方を活用すると、採算ラインの把握以外にも、以下のようなことができる。

Case 1　高リスク事業を察知

損益分岐点が高いということは、かなりの売上を上げないと採算がとれず、事業が失敗するリスクが高いと考えられる。事業のリスクをあらかじめ把握して、撤退や継続の経営判断を下すのに役立つ。

Case 2　投資事業の影響を予測

新たに設備投資を行った場合、設備投資分を回収するために、損益分岐点売上高も高くなる。損益分岐点の考え方から、どのくらいの売上高が必要かを算出できる。数量を増やすか、値上げで対応する。

Case 3　売上目標の明確化

損益分岐点売上高の式を活用すると、目標とする利益を達成するために必要な売上高は、「必要売上高＝（固定費＋目標利益）÷（1－変動費率）」の式で求められる。将来の目標が明確になり、経営戦略が立てやすくなる。

章末 Column

大企業の特殊な経理業務

大企業や上場企業には特別な経理業務がある。
決算書を見るときの知識として覚えておこう。

連結決算

大会社（資本金5億円以上または負債総額200億円以上）や上場している企業には、「連結決算」が義務づけられている。**連結決算とは、国内外の子会社や関連会社を含めたグループ全体の決算のこと**。各社の決算書を単に合算するのではなく、「連結修正」と呼ばれる処理を行い、「連結財務諸表」を作成する。これにより、不正な会計処理を防ぎ、グループ全体の経営状況を把握することができる。

作成する主な書類
- 連結貸借対照表
- 連結損益計算書
- 連結キャッシュフロー計算書
- 連結株主資本等変動計算書

以下のような不正を防止する目的がある
- 損失などを一時的にグループ内の他会社に押しつけ、経営状況をよく見せる
- 商品などを大量にグループ内の他会社へ売却して利益を計上し、経営状況をよく見せる

【 連結決算の流れ 】

1. 親会社、子会社それぞれで決算書を作成
親会社、子会社がそれぞれ通常の年次決算を行い、決算書を作成する。会計上の処理や基準をあらかじめ統一しておく。

2. 決算書を合算
各社の決算が終わったら、連結決算に入る。親会社はすべての子会社の決算書を入手して、合算して集計する。

3. 子会社から"連結パッケージ"を入手
親会社は、子会社から連結決算の修正（連結修正）に必要な情報をまとめたデータを入手する。これを「連結パッケージ」という。

4. 親会社で修正作業
親会社が連結パッケージをもとに、「グループ間取引の相殺」「未実現損益の消去」などといった連結修正を行う。

5. 連結財務諸表を作成
親会社が連結修正を加えて、連結財務諸表を作成する。

大企業や上場企業は、取引で動かす金額が非常に大きく、取引先や株主などの利害関係者もたくさんいます。もし会計業務に不正があれば大問題になってしまうでしょう。このような事態を防ぐため、大企業や上場企業には、特別な経理業務が義務づけられています。代表的なものが「**連結決算**」と「**会計監査**」です。

なお、**上場企業には四半期ごとの四半期決算報告書の提出が義務づけられていましたが、2024年4月1日に廃止となり、「半期報告書」に変更されています**。

会計監査

会計監査とは、企業などが作成した決算書がルールに則って正しくつくられているかをチェックするもの。外部の専門家が行う「**外部監査**」、内部で自主的に行う「**内部監査**」、監査役が行う「**監査役監査**」の3つがある。会社法上の大会社（資本金5億円以上または負債総額200億円以上）には「**会社法監査**」、上場している企業には「**財務諸表監査**」と「**内部統制監査**」が義務づけられている。いずれも外部監査で、結果が公表される。

大会社　作成する主な書類
- （連結）貸借対照表
- （連結）損益計算書
- （連結）株主資本等変動計算書
- （連結）個別注記表

上場企業　作成する書類
- 有価証券報告書
- （連結）貸借対照表、（連結）損益計算書
など

【 監査意見の分類 】

監査報告書に記載される監査役の意見は下記の4種類。基本的には無限定適正意見の表明が多い。

無限定適正意見：決算書などが適正に表示されているとして、その信頼性を認めるもの。

限定付適正意見：一部に不適切な事項があるが、その事項を除き決算書などが適正に表示されている。

不適正意見：一部の不適切な事項が全体に大きな影響を及ぼし、決算書などが適切に表示されていない。

意見不表明：監査手続きが実施できず、決算書などが適正に表示されているかがわからないため意見表明しない。

監査役の意見は、投資家にとって重要な判断材料です。

さくいん

※ 用語を詳しく解説しているページは
マーカーで記しています。（例）**180**

あ

預り金 ……………………… **47**、165
粗利 ………………………… 145、**193**
安全性 ……………………… 241、**242**
安全余裕率 ………………………… 245

い

委託販売 …………………………… 137
e-Tax ……………………… 108、**164**
1年基準 ……………………………… 49
一括償却 …………………………… 140
印鑑 …………………………… 32、33
印紙税 ……………… 99、**118**、**119**
インターネットバンキング …… 108
インボイス制度 …… **126**、**127**、128

う

受取賃貸料 ………………………… **51**
受取手形 …………………………… **45**
受取配当金 ………………………… **51**
受取利息 …………………… **51**、**189**
内金 ………………………………… 134
裏書（手形の） ………… **80**、82、83
売上 ………………………… **51**、**112**
売上計上のタイミング ………… 113
売上原価 …………… 144、**145**、192、
　　　　　　　　　　　　193、208

売上原価予算 …………………… 233
売上総利益 ………… 144、**145**、192、
　　　　　　　　　　193、208、243
売上高 ………… 51、144、**145**、192、
　　　　　　　　193、208、243、244
売上高営業利益率 ……………… 243
売上高総利益率 ………………… 243
売上高伸び率（増収率） ……… 243
売上高予算 ……………………… 233
売上伝票 …………………………… 28
売上割引 ………………………… 132
売掛金 ……………… **45**、112、113、
　　　　　　　　　　114、**189**、190
売掛金回収予定表 ……………… 115
売掛金管理 ……… **112**、**113**、114
売掛金元帳 ………………… 29、**115**

え

営業外収益 ………………… **51**、208
営業外費用 ………………… **51**、208
営業利益 …………………… **208**、243
益金 ………………… **212**、213、215
益金算入 …………………… **213**、215
益金不算入 ………………… **213**、215

か

買掛金 ……………… **47**、120、121、
　　　　　　　　　　122、**189**、190
買掛金管理 ……… **120**、**121**、122
買掛金支払予定表 ……………… 123
買掛金元帳 ………………… 29、**123**
会議費 ………… 54、84、**94**、**95**、96
会計監査 ………………………… 247
会計期間 ………………………… 188

248

介護保険 ……………… **158**、**159**、**160**、
　　　　　　　　　　　161、183
会社代表印（実印） ……………… 33
外注費 …………………………… **54**
角印（社印） ……………………… 33
掛け ……………………………… 112
貸方 ………………………… **42**、**43**
貸し倒れ ………………………… 195
貸倒損失 ………………………… **54**
貸倒引当金 ………… 189、**194**、195
貸倒引当金繰入 …… **45**、194、195
貸付金 …………………………… **45**
課税事業者 ……………… 95、**126**
割賦販売 ………………………… 136
株主資本等変動計算書
　　　　　　　　204、**205**、247
株主総会 ………………… 25、187
借入金 ……………… **47**、190、**239**
仮受金 …………………………… **47**
借方 ………………………… **42**、**43**
仮払金 ……………… **45**、**88**、**89**
為替差益 ………………………… **51**
為替差損 ………………………… **54**
簡易課税方式 …………………… 217
勘定科目 …………………… **40**、**41**
間接法（減価償却） ……… 147、**199**
管理会計 ……………… 19、**226**、**227**

き

期間比較 ………………………… 241
企業会計原則 ……………… 58、59
期首 ……………………………… 188
寄附金 …………………… **54**、**104**
期末 ……………………………… 188
逆仕訳 …………………………… 106

キャッシュフロー計算書
　　　　　　205、**210**、**211**、246
給与 ………… 152、153、154、155、
　　　　　　　　　　　　156、165
給与支払報告書 …………… 164、179
給与所得者の基礎控除申告書兼
給与所得者の配偶者控除等申告書兼
所得金額調整控除申告書 ……… 175
給与所得者の（特定増改築等）
住宅借入金等特別控除申告書 … 175
給与所得者の扶養控除等
（異動）申告書 ………………… 175
給与所得者の保険料控除申告書
　　　　　　　　　　　　　　175
給与手当 ………………………… **53**
給与明細 ………………………… 155
業務委託費 ……………………… **54**
銀行印（届出印） ………………… 33
金種表 …………………………… 74

く

繰越商品 ………………… 145、193
繰越利益剰余金 ………………… **49**

け

契印 ……………………………… 33
経営分析 …………… 226、**240**、**241**
経過勘定 ………………………… 196
経常利益 ………………………… 208
経常利益伸び率（増収率） ……… 243
経費 ………………………… **84**、**85**
経費予算 ………………………… 233
契約書 …………………………… 119
消込 ………… 113、114、121、122

決算 ……………………… **186**、**187**	広告宣伝費 ………… 53、84、**103**
決算書 ……………… 186、**204**、**205**	交際費 ………… 54、84、**94**、**95**、96
決算整理 ……………… 187、**188**、**189**	控除 …………… 155、158、166、
決算日 ………………………… 188	168、170
月次決算 ……………… **142**、**143**、**144**	厚生年金保険
月次決算書 …………………… 142	…… **158**、**159**、160、161、183
月次配賦 ……………… 144、**146**、147	構築物 ………………… 138、141
限界利益 ……………………… 244	交通費 ………… 53、**92**、**93**、156
原価管理 ……………… 226、**228**、**229**	公認会計士 ………………… 9、169
原価計算 ……………………… 230	小切手 ………………… **80**、**81**、82
原価差異分析 …………………… 231	小口現金 …… 45、**72**、**73**、74、75
減価償却 ……………… 138、140、	小口現金出納帳 …………… 74、**75**
141、**198**、**199**	固定資産 …… 49、**138**、139、140、
減価償却資産 …………………… 140	141、147、**189**、190、198、199
減価償却費 ……………… **53**、139、	固定資産税 …………………… 147
147、198、199	固定資産除却損 ………………… **54**
減価償却累計額	固定資産台帳 ……… 29、138、**139**
………… **45**、147、198、199	固定資産売却益 ………………… **51**
現金 …………………… **45**、72、190	固定資産売却損 ………………… **54**
現金過不足 ……………… 107、191	固定的項目 ……………… 155、**156**
現金実査 ………………………… 74	固定負債 ……… 47、**49**、206、207
現金出納帳 ……………………… 29	個別原価計算 …………………… 230
健康保険	個別注記表 ………… 204、**205**、247
…… **158**、**159**、160、161、183	ゴム印（社判） ………………… 33
検収基準 ……………… 113、121	雇用保険
源泉所得税 ……………………… 163	…… **158**、**162**、172、173、182
源泉徴収 ……………… 163、168、169	
源泉徴収税額表 ………………… 163	**さ**
源泉徴収票 …………………… **178**	
源泉徴収簿 ……………… 176、177	差異分析（予算の） …………… 235
	財務会計 ………… 212、226、**227**
こ	材料受入価格差異 ……………… 231
	差額補充法 ……………………… 195
工具器具備品 ………… **45**、91、142	差引支給額 ……………………… 155
合計残高試算表 …… 187、200、**201**	雑収入 …………… 51、**189**、191
合計試算表 ……………… **200**、201	雑損失 ………… 54、107、**189**、191

雑費	**54**、**104**
残高試算表	**200**、201
残高証明書	190
算定基礎届	160
三伝票制	68

し

仕入	**53**、**120**
仕入計上のタイミング	121
仕入先元帳	29、**123**
仕入税額控除	95、**126**、128
仕入伝票	28
仕入割引	132
資金繰り管理	226、236
事業年度	186、188
事業報告	**205**
自己資本比率	206、**242**
資産	40、41、**44**、**45**
試算表	**200**、**201**
実現主義	112、113
実際原価計算	230
実地棚卸	192
支払調書	179
支払手形	47
支払手数料	**54**、**104**
支払報酬	54
支払保険料	**53**、**102**
支払家賃	53
支払利息	54
資本金	**49**
資本準備金	**49**
資本剰余金	49
事務用品費	**53**、**90**
社会保険料	**158**、**159**、**160**、172、173、180

社債	47
車両運搬具	**45**、138、141
車両費	**54**、**102**
収益	40、41、**50**、**51**
収益性	241、**243**
収益の繰越	197
収益の見越	197
修繕費	**53**、**100**
収入印紙	118、**119**
住民税	158、**164**、172、173、183
出荷基準	113、121
出金伝票	28、**70**
取得価額	91、139、**140**
主要簿	29
純資産	40、41、**48**、**49**
償却率	139、198、199
証書借入	239
上場企業	204、246、247
消費税	95、105、**124**、**125**、126、127、**189**、**217**
証憑	63、73
商品	**45**
商品有高帳	29
消耗品費	**53**、**91**
賞与	**53**、146、154、166、167
賞与引当金	167、194
諸会費	**54**、**104**
ショートカットキー	35
所得税	**158**、163、174、183
仕訳	**42**、**43**
仕訳帳	28、**29**
新聞図書費	**54**、**101**

す

水道光熱費 ……………………… **53**、84
捨印 …………………………………… 33

せ

請求書 ……………………… **116**、**117**
税込方式 ……… 95、105、124、125
生産性 …………………… 241、**242**
精算表 …………………… **202**、**203**
正常営業循環基準 ………………… 49
製造間接費差異 ………………… 231
成長性 …………………… 241、**243**
税抜方式 ……… 95、105、124、125
税引前当期純利益
　……………………… **208**、212、215
税務会計 ……………… **212**、227
税務調査 ……………… **222**、**223**
税理士 ……………… 9、169、223
積送品 …………………………… 137

そ

総勘定元帳 ………………… 28、**29**
総合原価計算 …………………… 230
相互比較 ………………………… 241
租税公課 …………………… **53**、99
損益計算書 ……… 41、51、204、
　　　　　　　　205、**208**、**209**
損益分岐点 ……………… **244**、245
損益分岐点売上高 ……… **244**、245
損益分岐点比率 ………………… 245
損金 ………… 94、**212**、213、215
損金算入 ………………… **213**、215
損金不算入 ……………… **213**、215

た

貸借対照表
　… 41、49、204、205、**206**、**207**
退職給付引当金 ……… **47**、147、194
退職所得の受給に関する申告書
　…………………………………… 170
退職金 … **53**、147、154、170、171
耐用年数
　……………… 138、139、141、198、199
立替金 …………… **45**、86、**87**、135
立替金清算書 ……………… 86、**87**
建物 …………………… **45**、138、141
棚卸 ……………………………… 192
棚卸資産 ……………… **189**、223
短期貸付金 ………………………… **45**
短期借入金 ……………… **47**、**239**
単式簿記 ………………………… 38

ち

地代家賃 ………………………… **101**
中間申告 ……………… 214、217
長期借入金 ……………… **47**、**239**
長期資金繰り表 ………………… 238
帳簿 ……………………… 28、**29**
帳簿価額 ………………………… 139
直接原価計算 …………………… 230
直接材料費差異 ………………… 231
直接法 …………………… 147、**199**
直接労務費差異 ………………… 231
貯蔵品 ……………… **45**、90、190
賃借料 …………………… **53**、**97**

つ

通勤交通費 ………………… 53、92、93
通信費 ……………………………… 53、98
通知預金 …………………………………… 76

て

定額法 …………………………… 141、198
定期預金 …………………………………… 76
訂正印 ……………………………………… 26
定率法 …………………………… 141、199
手形 ………………………… 80、81、82
手形借入 ………………………………… 239
手形台帳 …………………………………… 29
手形割引 ………………………………… 239
手付金 …………………………………… 134
伝票 ……… 28、29、68、69、70、71

と

当期純利益 ……………………… 203、208
当座借越 ………………………………… 239
当座預金 ………………………… 76、191
投資その他の資産 ……………………… 138
得意先元帳 ……………………… 29、115
特別損失 ………………………… 51、208
特別徴収 ………………………………… 164
特別法人事業税 ………………………… 217
特別利益 ………………………… 51、208
土地 ………………………………………… 45
特許権 …………………………………… 138
トップダウン方式（予算編成の）
　　　…………………………………… 233
取引 ………………………………………… 39

に

日次資金繰り表 …………………………… 79
荷造運賃 ………………………… 53、103
入荷基準 ………………………………… 121
入金伝票 ………………………… 28、69
任意積立金 ………………………………… 49

ね

値引 ……………………………… 130、131
年次決算 ………………………… 186、187
年度更新（労働保険）……… 152、162
年末調整 ………………………… 174、175

は

販売促進費 ………………………………… 84
販売手数料 ………………………………… 84
販売費及び一般管理費
　　　……………………… 51、84、208

ひ

非課税項目 ……………………………… 156
非課税取引 ……………………………… 124
引当金 ………………… 189、194、195
引渡基準 ………………………………… 113
費用 ………… 40、41、52、53、54
標準原価計算 …………………………… 230
標準賞与額 ……………………………… 166
標準比較 ………………………………… 241
標準報酬月額 …………………………… 160
費用の繰越 ……………………………… 196
費用の見越 ……………………………… 197

ふ

- ファイリング ……………………… 65
- 付加価値額 ……………………… 242
- 不課税取引 ……………………… 124
- 複合仕訳 ………………………… 71
- 複式簿記 ………………………… 39
- 福利厚生費 ………………… 53、98
- 負債 ………………… 40、41、46、47
- 附属明細書 ……………………… 205
- 普通徴収 ………………………… 164
- 普通預金 ………………… 76、191
- 振替 ……………………………… 77
- 振替伝票 ………………… 28、71
- 振り出し ………………………… 80
- 不渡り（手形の） ………………… 76

へ

- 別途積立金 ……………………… 49
- 変動的項目 …………… 155、156
- 返品 ……………………………… 131

ほ

- 法人事業税 ……………………… 216
- 法人住民税 ……………………… 216
- 法人税 ………………… 214、215
- 法定外福利費 …………………… 154
- 法定福利費 ……… 53、84、98、154
- 保管料 …………………………… 54
- 簿記 ……………………… 38、39
- 補助簿 …………………… 28、29
- ボトムアップ方式（予算編成の）
  ……………………………… 233

ま

- マイナンバー …………… 172、178
- 前受金 …………………………… 47
- 前受収益 ………………… 47、197
- 前払金 …………………………… 45
- 前払費用 ………………… 45、196
- 前渡金 …………………………… 45

み

- 未収金（未収収金） ……………… 45
- 未収収益 ………………… 45、197
- 未払金 …………………………… 47
- 未払費用 ………………… 47、197
- 未払法人税等 …………………… 47

む

- 無形固定資産 …………………… 138

め

- 免税事業者
  ……… 95、126、127、128、129

や

- 役員報酬 ………………… 53、154

ゆ

- 有価証券 ………………………… 45
- 有価証券売却益 ………………… 51
- 有価証券売却損 ………………… 54
- 有形固定資産 …………………… 138

よ

- 預金 ………………………………… **45**
- 預金口座 ………………………… 76
- 預金出納帳 ……………… 29、**78**
- 予算管理 ……………… 226、**232**
- 予実対比 ……………………… 235
- 予約販売 ……………………… 136

り

- 利益予算 ……………………… 233
- 利益準備金 …………………… **49**
- 利益剰余金 …………………… **49**
- リース料 …………………… **54**、**97**
- 流動資産 ……… **49**、206、207、242
- 流動比率 ………………… 206、**242**
- 流動負債 ……… **49**、206、207、242
- 領収書 ……………… **85**、**118**、119
- 旅費交通費 ………… **53**、**92**、**93**

れ

- 連結決算 ……………………… 246
- 連結財務諸表 ………………… 246

ろ

- 労災保険 …………………… 158、**162**
- 労働生産性 …………………… 242
- 労働分配率 …………………… 242
- 労働保険 …………………… 158、**162**
- 労務 …………………………… 152

わ

- 割印 ……………………………… 33
- 割引（手形の） ………… **80**、82、83
- 割引（値段の） ……………… 132
- 割増賃金 ……………………… 157
- 割戻（リベート） …………… 133

📖 参考資料

- 『イラストでスッキリわかる はじめての経理 お仕事とマナー』田村夕美子監修（2010, 成美堂出版）
- 『オールカラー 一番わかる！ 経理の教科書』ジャスネットコミュニケーションズ株式会社著（2015, 西東社）
- 『オールカラー 数字が苦手な人のための簿記「超」入門』今村正監修（2015, ナツメ社）
- 『オールカラー 知識ゼロから読めるようになる！決算書「超」入門』大下航監修（2021, ナツメ社）
- 『オールカラー はじめてでもスイスイわかる！経理「超」入門』加藤幸人監修（2015, ナツメ社）
- 『改訂版 経理の教科書1年生』宇田川敏正監修（2021, 新星出版社）
- 『基本 簿記用語辞典 [六訂版]』安藤英義監修（2013, 同文舘出版）
- 『経理になった君たちへ ～ストーリー形式で楽しくわかる！仕事の全体像／必須スキル／キャリアパス～』
  白井敬祐著（2022, 税務研究会出版局）
- 『経理DXのトリセツ』児玉尚彦・上野一也著（2022, 日本能率協会マネジメントセンター）
- 『現役経理さんの声を生かした 経理のお仕事がサクサクはかどる本』小野恵著（2014, 秀和システム）
- 『3年後に必ず差が出る 20代から知っておきたい経理の教科書』小島孝子著（2014, 翔泳社）
- 『はじめて配属された人のための 経理の仕事の流れとしくみがまるごとわかる本』
  ジャスネットコミュニケーションズ株式会社著（2022, ソシム）
- 国税庁ホームページ：https://www.nta.go.jp/
- 公認会計士 税理士 甲田拓也事務所チャンネル：
  https://www.youtube.com/@user-pi6nt6my6t/videos

監修者 甲田 拓也（こうだ・たくや）

公認会計士／税理士、公認会計士税理士甲田拓也事務所、株式会社クラウドソリューション代表。1978年生まれ。早稲田大学商学部卒。2002年、PwC Japanグループ（中央青山監査法人）に在籍。上場企業などの金融商品取引法監査、会社法監査ほか、IPO支援なども積極的に行う。その後、2007年から都内個人会計事務所に在籍。中小企業のサポートに数多く携わる。2009年10月に現事務所を設立。創業からIPO支援まですべてのステージのサポートを行い、現在の継続関与案件は500社を超える。常に顧客視点で物事を考え、問題解決に取り組む「クライアントファースト」をモットーとして掲げ、特に財務分析や課題解決のための提案力を強みとしている。YouTubeでは会計税務の知識などを日々分かりやすく発信している。

公認会計士税理士甲田拓也事務所 ▶ https://tk-kaikei-sr.jp/
株式会社クラウドソリューション ▶ https://www.cloudsolution.co.jp/
公認会計士税理士甲田拓也オフィシャルサイト ▶ https://kodatakuya.jp/
YouTube ▶ https://www.youtube.com/@user-pi6nt6my6t/videos　　Instagram ▶ @koda_cpa

staff

カバー・本文イラスト … イケマリコ
本文デザイン ………… 梶原七恵（有限会社ダテハリ）
校正 …………………… 寺尾徳子
編集協力 ……………… 寺本彩、オフィス201（和田さや加）
編集担当 ……………… 遠藤やよい（ナツメ出版企画）

本書に関するお問い合わせは、書名・発行日・該当ページを明記の上、
下記のいずれかの方法にてお送りください。お電話でのお問い合わせはお受けしておりません。

・ナツメ社webサイトの問い合わせフォーム
　https://www.natsume.co.jp/contact
・FAX（03-3291-1305）
・郵送（下記、ナツメ出版企画株式会社宛て）

なお、回答までに日にちをいただく場合があります。
正誤のお問い合わせ以外の書籍内容に関する解説・個別の相談は行っておりません。あらかじめご了承ください。

オールカラー　**基本がわかる！　しっかり役立つ！　はじめての経理**

2024年9月2日　初版発行
2025年8月1日　第3刷発行

監修者	甲田拓也（こうだたくや）	Koda Takuya,2024
発行者	田村正隆	
発行所	株式会社ナツメ社	
	東京都千代田区神田神保町1-52　ナツメ社ビル1F（〒101-0051）	
	電話 03-3291-1257（代表）　FAX 03-3291-5761	
	振替 00130-1-58661	
制　作	ナツメ出版企画株式会社	
	東京都千代田区神田神保町1-52　ナツメ社ビル3F（〒101-0051）	
	電話 03-3295-3921（代表）	
印刷所	ラン印刷社	

ISBN978-4-8163-7607-8　　　　　　　　　　　　　　　　　　Printed in Japan

＊定価はカバーに表示してあります
＊落丁・乱丁本はお取り替えします

本書の一部または全部を著作権法で定められている範囲を超え、
ナツメ出版企画株式会社に無断で複写、複製、転載、データファイル化することを禁じます。